# THE EDUCATION OF CHILDREN

# 幸福親子教養

跟著阿德勒成為高情商爸媽，
教出自信、獨立、勇敢、合作的孩子

阿爾弗雷德·阿德勒——著
王童童——譯

ALFRED ADLER

# 譯者序

阿德勒是奧地利著名的心理學家、精神分析學家、社會教育家，還是個體心理學的先驅。一八七〇年，阿德勒出生於奧地利維也納郊區的一個富裕家庭，但是他的童年生活並不快樂，因為他天生體弱多病，直到四歲才會走路。一九〇七年，阿德勒發表了由缺陷引起的自卑感及其補償的論文，使其名聲大噪。一九一二年，阿德勒在其《神經質的形成》一書中提出他的新心理學理論。新心理學理論包含了他的大多數主要概念。

一九二〇年，他在維也納創辦了第一所兒童諮詢診所。在心理病理學的個案裡，德勒多次訪問美國為廣大的聽眾講課。一九三二年，他成為日本長島醫學院的心理學教授。一九三四年他定居紐約。一九三七年，阿德勒因心臟病逝世於蘇格蘭的亞伯丁。

阿德勒開創的「個體心理學」理論，對後來西方心理學的發展具有重要意義。

他提出的「自卑情結」、「補償機制」等概念，深深滲透到現代中西方文化和大眾的科學常識之中。

阿德勒認為，人的生理缺陷帶來人的自卑感，如果人對自卑感無法找到滿意的補償，那麼，人就會有精神疾病，即心理、情感的功能性紊亂和失調。另外，阿德勒強調個人必須與社會構成聯繫。個人只是社會的一分子，一個人對待社會中他人的態度，以及與他人的合作能力，直接影響著他的心理健康。

阿德勒還指出，由於人格結構形成於兒童期，所以，要想找出人格心理問題的癥結，只能從人的童年時期入手。因此幫助兒童形成健康的人格就變成了頭等重要的事情，這也就是「教育」一詞在阿德勒心目中的涵義。

阿德勒在本書中，主要圍繞著如何幫助兒童形成一個正確、健康的人格這一核心問題來展開論述。他強調要用正確的方法培養兒童獨立、自信、勇敢的品格，以及與他人合作的意識和能力。總的來說，培養孩子健全的人格，才是兒童教育的首要任務。

兒童在成長的過程中不可避免地會出現各種問題，比如，孩子害羞、孤僻、口吃、尿床、打架、說謊，甚至不愛學習等。關於這些問題的心理誘因以及解決方案，阿德勒在這本書中也有詳細的介紹和分析。阿德勒告訴我們，兒童的這些行為表現出來的各種問題只是表象，家長暴力地制止和打罵，只會讓問題更嚴重。

本書基於個體心理學的理論依據，對兒童人格構成做了全面、透徹的分析，對為人父母者、教師以及所有關心或從事兒童教育工作的人，都有著非凡的意義。此外，本書還介紹了人的天性、遺傳等因素對一個人兒童時期的影響。因此，從這個角度來說，本書還是一部探討人性、人的心理、人與社會關係的心理學佳作。

Contents

10

# 孩子在學校的表現



11

# 外在環境對兒童成長的影響

# 附錄

# 01

# 導論

每個人都是一幅畫作，又是這幅畫的作者。人類雖然共同生活在同一個世界中，每個人卻在用迥然不同的方式來塑造自己，儘管看法或許不完全正確，但每個人都會根據他對事物的看法來調節自己。因此，我們要全面觀察個體在成長過程中可能出現的心理問題和障礙，特別是個體在兒童時期形成的認知偏差，因為這種偏頗的認知會影響他以後的人生。

# 了解兒童

從心理學的角度來看，教育問題對於成人來說，其實就是自我認識和自我指導的一個過程。教育問題對兒童來說也是一樣，但這兩者之間還是存在著一定的差異：由於兒童正處於發育階段，自我認知和自我指導能力非常薄弱，外界的引導就顯得尤其重要。如果我們擁有兩萬年的時間來發展文明，且環境又許可的話，我們完全可以放任兒童按照自己的意願成長，他們最終也能達到現在的文明水準。但遺憾的是，時間並沒有這麼充裕。因此，成人必須對兒童進行教育、關注並引導他們成長。

然而，這裡最大的困難莫過於對兒童的無知。因為要成年人正確地了解自己的愛憎悲喜已屬不易，更何況是了解兒童，要在掌握正確知識的基礎上去引導他們就更是難上加難了。

個體心理學是專門研究兒童心理的重要科學，這不僅因為這個領域本身的重要性，同時還因為我們能夠透過了解孩子，藉以認識成年人的性格特徵和行為方式。

個體心理學不同於其他心理學，它不允許理論和實踐脫節。個體心理學關注於人格的整體，而人格整體對其發展及可能表現所做的一些充滿變化的追求是個體心理學研究的目標。從這一觀點出發，個體心理學的科學知識本身就是務實的智慧，因為知識的意義也就是懂得是非曲直。無論是心理學家、父母、朋友還是個體本身，如果能掌握個體心理學方面的知識，就能懂得如何運用這些知識來指導個性的發展。個體心理學所採用的這種研究方法，使它的學術形成了一個有機的整體。此說法的根據是因為個體心理學認為個體的行為是受到人格整體誘發和指引的，而人類的行為反應著個體的心理活動。所以，在開頭的第一章節，我們會試著用全面性的角度來呈現個體心理學的觀點，而在接下來的章節，則是詳細地探討在這裡提出的各種相關問題。

關於人的發展有一個根本事實就是：人的心理總是充滿著有活力的、有目的的追求。人自出生那一刻起，就在不斷地追求發展，追求著一個美好的願景——偉大、完美、卓越，這個目標是潛意識形成的，但是卻無所不在。這種有目標的追求，當然反應出了人類特別的思考、想像能力，並且主宰了人一生的具體行為；它甚至主宰著我們的思想，因為我們的思維並非客觀，而是與我們的生活目標和生命風格相一致的。

人格的整體隱藏在每個人的一生當中。每一個個體同時代表了人格的整體和這整體所塑造的個別表現方式。所以，每個人都是一幅畫作，又是這幅畫的作者。但是，他卻不能稱為一個畫技精湛的畫家，他對自己的肉體和靈魂沒有產生完整的認知。相反的，他是一位意志相當薄弱、易於犯錯、不完美的人。

在考慮建構人格時，需要特別注意的是：人格的整體性並不是建立在客觀現實的基礎上發展的，而是建立在個體對客觀事實的主觀看法上，它有其獨特的方式和目標。也就是說，人對客觀事實的看法和觀點並不等同於這個事實本身。因此，人類雖然生活在同一個世界中，但卻在以不同的方式塑造自己。每個人都根據他對事物的看法來調節自己，但他的看法有些是正確的，也有些是錯誤的。因此，**我們要全面觀察個體在成長過程中可能出現的心理問題和障礙，特別是個體在兒童時期形成的認知偏差，因為這種偏頗的認知會影響他後來的人生軌跡。**

以下的個案，是一個很具體的例子，可以清楚地看到這樣的論點。有一個五十二歲的女人，她總是沒完沒了地貶損比她年長的女性。回想起自己的童年，她有一個姊姊是萬眾矚目的焦點，而她自己卻時常被人遺忘在角落，她由此產生一種屈辱感。如果運用個體心理學的「縱向」觀察方法來探討這一案例，那麼，就可以發現這個女人從童年到生命的後期階段都存在著同樣的心理機制和心理動力：她總是擔心別人會輕視她；當她注意到別人比自己更招人喜愛時，就會心生怨恨。因此，儘管我們對這個女人的生活或人格的整體一無所知，我們依然可以根據所知的事實來對她有所了解。在這方面，心理學家如同小說家，運用一條確定的行為主線、一種生命風格或一種行為模式來建構人物的生活，以確保人物整體人格的完整性。一個優秀的心理學家甚至能夠預測到在特定情境下這個女人的行為，並能夠清晰地描繪出她一生中的經歷，且伴隨而來的性格特徵。

個體的追求或者是說目標的確立，是建構人格不可或缺的活動，而從中，可能存在著另一個重要的心理學事實：**人的自卑感**。所有兒童都會有一種與生俱來的自卑感，它會激發兒童的想像力並試圖透過改善自己的環境來消除自卑感。個人處境的改善會減弱自卑感，心理學上把這一現象稱為心理補償。

自卑感及其心理補償機制為人們的犯錯打開了方便之門。自卑感可能可以激發個體做出客觀上所認定的成就，但也可能導致單純的自我心理調適而已，且因而擴大個體和客觀現實之間的距離。或者，自卑感很嚴重時，只有藉著發展心理的補償機制才能克服它，儘管最終可能無法完全戰勝自卑感，但是這個心理補償機制是重要且必要的。

對於有些兒童，明顯表現出補償的性格特徵，我們把他們分為三類：

**①生來就帶有衰弱體質或有器官缺陷的兒童。**

**②從小受到嚴厲教育或沒有感受過父母疼愛的兒童。**

**③從小在溺愛的環境中成長的兒童。**

我們或許可以拿這三類兒童來說明三種不同的基本情況，而這些情況所依據的觀點，是來自於我們對一般身心較健全的兒童，以他們的發展所做的研究與理解。這三種類型的兒童很清楚地表現出他們具有補償性的心理特徵。憑藉對第一類兒童的研究，我們發現，儘管不是每個兒童都是生而殘疾，但令人詫異的是，很多孩子都表現出不同程度，由身體或器官缺陷所引發的心理特徵。我們可以把第一類兒童視為原型，仔細研究其心理特徵。而研究另外兩類兒童——受嚴厲管教和過分寵愛的兒童，我們發現在實踐上，幾乎所有的兒童都在不同程度上屬於其中一類，甚至兩者兼而有之。

以上三種類型的兒童都會產生欠缺感和自卑感，這種處境的兒童都會被激發出超越其自身潛力的野心。在人類生命中，自卑感和追求優越感，總是基於同一基本事實的兩面，兩者相輔相成。在病理學上，對於個體而言，我們很難判斷過度的自卑感和過度追求優越感，這兩者到底哪一個的殺傷力更大。兩者通常互有消長進退。在兒童身上，過度的自卑感會刺激兒童膨脹的野心，它會毒害兒童的心靈使其永不安分，不會促成任何有益的活動。在超出合理限度的野心的餵養下，這些活動也不會開花結果。這種野心又和兒童的性格古怪相互糾纏，兒童也因此受到無休止的刺激，使他的內心變得更加敏感，時時提防著遭受別人的傷害或輕視。

這種人（《國際個體心理學學刊》中有很多這樣的個案）雖然在生理上長大成

人，但其才智能力仍在長眠之中。他們變成我們說的「神經兮兮」或性格古怪的人，發展到極端狀態，他們會成為不負責任、自私自利的人，更有甚者，會走上犯罪的道路；他們絕對是道德上和心理上的自我主義者，他們有一些人會逃避現實和客觀事實，為自己構築了一個全新的世界，他們做著白日夢，沉溺於幻想之中，彷彿那就是真實世界。他們也因此得到了內心的安寧，但實際上，他們只是虛構出另一種現實，借此達到心靈與現實的妥協。

## 社群情懷*需求

在所有發展中，可以顯露出端倪的準則裡，心理學家和為人父母最應該關注的是兒童所表現出來的社群情懷的程度，因為社群情懷在兒童正常發展中是重要且具有決定性的因素。任何干擾造成減少社群情懷或社會化程度，都會嚴重地危害兒童的心理發展；社群情懷是兒童正常發展的晴雨錶。個體心理學就是圍繞社群情懷的根本原則來發展相應的教育方法，父母和教育者不應該讓孩子只和某個人建立緊密的關係，因為這樣做，孩子勢必不能為將來的生活做好充足的準備。

了解兒童的社群情懷發展程度的一個好方法，就是仔細觀察他入學時的表現。初入校園新環境，將成為對兒童最早、最嚴峻的考驗。學校對兒童來說是一個全新的環境，因此，兒童的表現將顯示出他是否為新環境已準備充足；是否已準備好與人相處。

普遍來說，人們缺乏知識去幫助兒童為進入學校這一新環境做準備，**其實如果教育得當，學校自然也能夠彌補兒童早期教育的欠缺**。理想的學校完全可以充當現實世界與家庭之間的媒介；學校不僅僅是一個傳授書本知識的地方，更應該是傳授生活的學問與生活的藝術的場所。不過，在等待理想學校的出現來彌補家庭教育缺陷的同時，我們首先應該將焦點聚集在父母家庭教育的弊端上。

---

*社群情懷（social feeling）是指對所有社會成員的一種情感，或是對人類本性的一種態度，是個體為了社會進步而不是個人利益，而願意與他人合作。阿德勒認為社群情懷是人類本性的一部分，植根於每個人的潛能之中，因此，必須先發展社群情懷，才能形成有用的生命風格。

正是因為學校還沒有達到理想的程度，家庭教育的弊端，在學校的環境下會使這些問題日益顯露出來。如果父母沒有告知過兒童他們應該怎樣和別人相處，那麼，兒童在入學時就會感到孤立無援。他們也因此被視為孤僻的孩子，這種歧視反過來又會讓孩子初始的孤僻傾向更加嚴重。他們的成長往往由此受到壓抑，並發展成為問題兒童。**人們常把問題的出現歸咎於學校，其實，學校只不過引發了家庭教育的潛在問題而已**。

問題兒童能否在學校取得進步，個體心理學對此還沒有定論。我們所能證明的是，如果兒童剛進入學校就遭遇失敗，那就是一個危險的信號。這與其說是知識教育的失敗，不如說是心理教育的失敗。很多時候我們都能看出兒童逐漸地失去信心，取而代之的是氣餒的情緒，他們迴避有意義的行動和任務，拒絕腳踏實地去追逐成功；反而是尋求自由自在之道和成功的捷徑。他們拋棄了社會所認可的平坦大道，選擇了私人小路，以某種優越感來補償他的缺陷感。對於這些喪失信心的兒童來說，最具吸引力的就是最快速地滿足心理上對成功的渴望。畢竟，比起走社會所認可的大道，對他們來說，能夠甩開社會和道德的責任，無視法律，則更容易讓他們顯得出類拔萃，帶給他們一種毫不費力的征服感。然而選擇捷徑的人恰恰暴露了他們內心的怯懦，不管他外在行為上表現得多麼勇敢無畏，這種人只肯做十拿九穩的事情，再藉著輕而易舉的成功來炫耀自己的優越感。

正如我們所見過的那樣，作奸犯科之人儘管行為上囂張跋扈、無所畏懼，但是內心往往脆弱得不堪一擊；同樣的，那些外表上表現得勇敢無畏的兒童，內心通常是脆弱的，我們能夠透過各種微小的跡象，觀察到他們暴露出來的脆弱感。例如：不少兒童（在成人身上也常見）在站立的時候不是挺直腰桿，而總是要依靠什麼東西。傳統的治療方法往往治標不治本，人們會教育孩子說「站直了」，但事實上，問題並不在孩子是否依靠了某種可支撐的物體，重要的是他總是希望得到幫助和支援的心理。透過懲罰或獎勵，我們可以很快地消除這種軟弱的表現，但他們強烈地渴求得到幫助的心理並沒有得到滿足。問題的根源依然存在！一個好的教師能夠讀懂孩子的這些跡象，並以同情和理解去幫助孩子，消除這種問題的根源。

通常情況下，我們可以從某個單一的跡象來推斷出兒童所具有的心理素質和性格特徵。如果孩子無法擺脫依賴某種東西的心理，那麼我們可以知道，這個孩子肯定會有焦慮和依賴等負面情緒。把他的情況與我們熟知的案例作比較，我們就可以重建出此類型兒童的個性，而且能夠輕鬆地確定這個兒童屬於被嬌寵過度的一類。

現在，我們來探討一下從來沒有得到過父母寵愛的孩子他們的性格特徵。我們從那些作惡多端者的生平中可以發現這類兒童的性格特徵，只不過這些特徵在這群人身上表現到了極致。在這一類窮凶極惡的人中，他們大多都在童年時期遭受過惡劣的對待，他們也因此形成了冷酷、滿懷嫉妒和充滿恨意的性格。他們嫉妒別人的幸福；也見不得別人幸福。這種嫉妒心態不只存在於窮凶極惡的人當中，很多正常人也存在著這種心理，他們覺得孩子沒有權利比自己童年時過得更幸福。這類人不僅會對自己的孩子持這樣的態度，即使對待別人的小孩也是這樣的態度。

**他們的這種觀念和看法並非出於惡意，只因為他們成長時期受到惡劣的對待和嚴厲的教育，所以他們的觀點只是反映出他們的精神狀態而已**。這類人通常會以他們自以為正當的理由來為自己的行為辯護，例如「收起鞭子，害了孩子」。這些人試圖拿出無數的證據和例子來證明自己的行為有所根據，但還是無法證明自己是正確的。僵硬、獨斷的教育只會使孩子疏遠他們的教育者，對教育意義和教育成果而言是毫無成效的。

透過探索一系列相互區別又相互連結的徵兆，並在經歷了若干次實踐之後，心理學家就可以建構出一個系統，借助這個系統，人們就可以揭示個體隱蔽的心理過程。雖然利用了這套系統所檢視到的每一方面，都能反映出個體完整個性的某種特徵，不過，只有當考察到每一個點都顯示出相同的特徵時，心理學家才會感到滿意並做出結論。因此，個體心理學既是一門科學，也是一門藝術。在探討個體心理時要注意的是，我們不能把理論框架和概念系統呆板、機械地硬套在研究對象上。我們工作研究的重點是個體，不可能從某一個人的某種表現中就得出深刻的結論，而是要盡可能地全盤考慮所支持的論點。只有當成功地證實我們的假設，能夠發現一個人的行為在其他各方面也有同樣的氣餒和頑固個性特徵時，我們才可以確定地說，這個人的整體人格具有氣餒和頑固的特徵。

在這裡，需要注意的是，我們的研究對象並不理解他自己的行為表現，所以，他無法隱藏真正的自我。我們想要了解他的個性，並不是透過他對自己的看法和想法，而是透過他在環境中的行動表現來分析他的個性。這並不意味著他故意向我們說謊，而是我們要知道，一個人的有意識的思想和潛意識的動機之間存在著巨大的距離；這種距離只有具備同情心、同時又保持客觀的旁觀者才能把上述兩者連結起來。這個旁觀者可以是心理學家、父母或者是教師，他應該學會在客觀事實的基礎上來解釋個體的個性。這種客觀事實，可視為是個體本人有目的的追求下所表現出來，而這追求多少算是出自於潛意識的。

因此，比起對其他問題所持的態度，每個人在面對以下三個關於個人生活和社會生活的基本問題時，他的態度更能表現出其真正的自我。

第一個問題涉及社會關係，這個問題在我們探討對現實的客觀看法和主觀看法的矛盾時，已經探討過了。除此之外，社會關係的問題還會表現在某一特定任務上：即結交朋友和與人相處。個體如何面對這個問題？他的回答又是什麼？如果一個人不在乎自己有沒有朋友，有沒有正常的社交關係，並以為可以用「無所謂」的態度來迴避這一問題，那麼，「無所謂」就是他對這個問題的回應。從這一無所謂的態度中，我們就可以得出關於他個性方向和結構的結論。另外還應注意的是，社會關係不局限於結交朋友和與人相處，還包括關於這些關係的抽象觀念，諸如：友誼、友愛、信任和忠誠等。從個體對於社會關係問題的回答，就顯示出個體對所有這些抽象觀念的認識。

第二個基本問題涉及個體如何度過他的一生，也就是說，他想在社會分工勞動之中發揮什麼樣的作用。如果說社會問題是由一個超越的自我的關係：由「你—我」的關係決定，那麼，我們也同樣可以認為，第二個問題是由「人—地球」的基本關係所決定的。如果我們把地球上的所有人壓縮成一個人，那麼，這個人將永遠和地球關聯著。他向地球希求什麼？這並不是個人或者單方面的問題，而是一個涉及人和世界的關係的問題。這種關係涉及各個方面，並不僅僅由個體的意志所決定，所以，職業成就的取得並不取決於我們個人的主觀意願，而是與客觀現實關係密切。基於這個原因，個體對職業問題的回答及回答的方式，很可能反映出了他的個性及其對生活的態度。

第三個基本問題產生於人類分為兩種性別的事實。如同前兩個問題一樣，解決這個問題，同樣也不是個人和主觀的事情，只有在兩性關係的內在客觀邏輯相一致時，問題才能得以解決。所以，將「我該如何和異性相處？」簡單地歸類於一個典型的個人問題，這是錯誤的。只有全面考慮所有與兩性關係相關的問題，我們才能找到正確的解決辦法。顯然，一個人無法正確處理愛情和婚姻的問題，代表著他的個性有缺陷和缺失。因此，對這個問題處理不當而產生的許多有害後果時，我們都可以從它隱藏在背後的個性缺陷和缺失的角度來加以解釋。

綜上所述，我們完全可以根據個體對以上三個基本問題的回答，發現他大致的生命風格和獨特的目標。個體的生活目標具有決定意義：它決定了這個人的生命風格，並反映在這個人的行動上。因此，如果一個人的目標是積極向上、指向生活中有建設性的一面，那麼，我們就會在這個人解決問題的方法中發現這一積極的印記，發現他解決問題的方法中有著建設性的一面，個體也會因此感受到幸福，並從他有建設性意義的活動中感受到一種價值和力量。相反的，如果一個人的目標是指向生活中消極的一面，那麼，個體就無力解決這些根本問題，自然也就不能體會到妥善解決這些問題所帶來的快樂。

這些基本問題彼此存在著密切的聯繫，而且，由於在社會生活中，這些基本的問題會衍生出某些特定的任務，而這些特定的任務又必須在統一的社會背景下（即社群情懷的基礎上）才能妥善完成，所以，這些基本問題也因此變得極為密切。實際上，這些任務在兒童時期就已經出現了：我們的感官發展與看、聽、說等社會生活方面的刺激是一致的；在和我們的兄弟、姊妹、父母、親戚、夥伴、朋友和教師的相處過程中發育成長，這些任務還以同樣的方式伴隨人的一生。無論是誰和同伴沒有了社會接觸，他的一生就註定要失敗。

所以，個體心理學有充足的理由把對於社會有益的事情視為是「正確的」；同理，偏離社會的標準和要求就不是正確的，且必然會與客觀的法律和現實的客觀必要性發生衝突。而這種與客觀現實的衝突，將會使行為人產生明顯的無價值感，而受害者的感受則更加強烈。最後，我想要強調的是，違反社會要求也就是擾亂人們內在的社會理想，而我們每個人都是有意識或潛意識地懷有這種理想。

由於個體心理學積極強調運用兒童的社會意識來檢測一個孩子是否獲得成長，所以，個體心理學家認為這方法很方便，他們可以用來確定和評價兒童的生命風格。兒童一旦遭遇到生活問題，可以視為是一種測試，而他的表現就顯示出他是否已先做好充分的準備。換句話說，我們可以從中看出他是否具有社群情懷；面對困難的勇氣和解決困難的理解力；是否追求對社會普遍有益的目標。然後，我們只需要找到他努力方式的節奏，發現他的自卑感的程度和社會意識的發展強度。所有這些相互關聯、相互滲透就形成一個有機的、不可分裂的整體。這個整體是堅固且不可分割的，除非發現這個整體有缺陷，隨後，才可能重建新的整體。

02

# 人格的整體

兒童做的每件事都是他總體生活和整體人格的表達，想要理解他們所做的事，就必須先了解行為中隱蔽的生活背景。同時，不應把兒童特定的行為當成孤立的音符來解析，而是要將它視為整個樂章的組成部分，即整體人格的組成部分。

# 兒童人格整體的發展

兒童的心理世界是非常奇妙的，無論我們接觸到哪一個方面，它都引人入勝，令人著迷。也許最奇妙的事情莫過於我們想要了解兒童的某一特定行為，就必須先了解他的生活史全部。另一方面，兒童所做的每個行為似乎又是表達出他總體生活和整體人格，想要理解他所做的事，就必須先了解行為中隱蔽的生活背景。我們把這種現象稱為人格的整體。

人格整體的發展就是把人的行動和表達，協調成一個單一的模式，這種發展從童年就開始了。生活的要求迫使兒童以某個協調後的整體方式對生活做出回應，而他用來應付環境的這個整體方式，不僅構成了兒童的性格，還使他的行為個性化，從而與其他兒童區別開來。

眾多心理學派通常都忽視了人格的整體這一事實，就算不能輕易說是忽視，也沒有給予應得的重視。這就導致在心理學理論或精神病學實踐中，研究對象的某種表達或某個手勢被孤立開來研究，似乎將它們視為是獨立存在的。

有時，他們稱這種表達或手勢是一種情結，認為某一動作或表情可以獨立於個體的其他活動之外。這就如同從一首完整的樂譜中抽出一個音符，然後試圖在與其他音符分開下，單獨理解這個音符的涵義。這種做法顯然是不合理的，但是卻普遍存在。

個體心理學家認為有義務來糾正這一種普遍的謬誤，因為當這種做法運用到兒童教育上時，造成的危害會更大。這一錯誤的行為模式，在兒童懲罰的理論中體現得尤為突出。

如果兒童做了什麼招致懲罰的事情，一般會發生什麼情況呢？

通常，人們會考慮到兒童人格留給人們的整體印象，但是懲罰對於兒童來說常常是弊大於利的。如果這個兒童經常犯了某種錯誤，教師或家長會先入為主地將他視為屢教不改。但是，如果這個兒童在其他方面表現良好，那麼，人們通常會鑒於對這個兒童的整體好感，而將他從寬處理。

不過，這兩種情況都沒有觸及問題的根源——在全面理解兒童人格整體的基礎上，探討這種犯錯的情況是怎樣產生的。這種情況猶如試圖從整首樂譜中抽取某一個音符，而卻想了解整首的旋律一般。

我們會問一個兒童為什麼懶惰，但我們不可能從他身上得到我們想知道的根本原因；同樣的，我們會問一個兒童為什麼撒謊，但是無法從他身上得到我們想要的答案。

深諳人性的蘇格拉底就說過：「人最難的是認識自己！」既然如此，我們又有什麼資格去要求兒童來回答如此錯綜複雜的問題？畢竟回答這些問題對心理學家來說也很勉為其難。若要了解個體某一行為表達的涵義，前提是，我們要想辦法先了解他的整體人格。這個辦法並不是去描述這個兒童的具體行為，而是要理解兒童會採取什麼樣的態度來面臨他眼前的任務。

下面這個例子將會闡釋去了解兒童整體生活的背景有多麼重要。

一個十三歲的男孩有一個妹妹，在他八歲之前，他是家裡唯一的孩子，這段時光裡，他過得快樂美好，周圍的每個人都樂於滿足他的每個要求。他的父母都對他寵愛有加，父親喜歡安靜，性情溫和，兒子依賴他，他感到很高興。不過，孩子一般都對母親更親近些，更何況他的父親是個軍官，經常不在家。他的母親是一個聰明善良的女人，對這個既依賴又固執的兒子，她總是盡量滿足他每一個心血來潮的要求。

不過，當兒子表現出沒有教養和脅迫性的態度和動作時，母親也會很生氣，母子關係因此出現了緊張狀態。這種緊張狀態首先表現在男孩總是試圖支配他的母親上，對她專橫霸道、發號施令，總而言之，他就是無時無刻地以各種無禮的方式來引人注目。

雖然男孩總是在製造麻煩，但他的本性並不壞，因此，他的母親總是寬容他無禮的態度和行為，依然幫他收拾衣服，輔導功課。這個男孩篤定母親會幫他解決遇到的任何困難。毫無疑問，他也是個聰明的孩子，同其他兒童一樣受到了良好的教育。直到八歲的時候，他在小學的學業進展都還蠻順利的。

就在八歲時他發生了重大的變化，使得父母對他難以忍受，他開始自暴自棄、漫不經心、懶散怠惰，這讓他的母親覺得崩潰。一旦母親沒有及時滿足他的要求，他就會扯母親的頭髮，擰她的耳朵，掰她的手指，使她不得安寧。

他拒絕改正自己的行為方式，隨著妹妹的長大，他愈加堅持，妹妹很快就成了他捉弄的目標。雖然他還不至於傷害到妹妹的身體，但是他對妹妹的嫉妒之心是顯而易見的。他的惡劣行為始於妹妹的誕生，因為從那一刻開始，妹妹就成了家庭關注的焦點。

在這裡需要特別注意的是，當一個兒童的行為開始變壞，或者出現了新的令人不快的跡象時，我們不僅應該注意出現這種情況的時間，還要調查這種情況產生的原因。若以物理學上較嚴格的因果關係定義來看，誠然，這兩件事的關係並不符合其定義，因為我們不能夠宣稱，一個更年幼的孩子出生會導致另一個孩子的行為變壞。不過，我們可以肯定，落向地面的石頭必然會朝著一定的方向以某一種速度墜落。而個體心理學所做的研究使我們有權相信，造成行為倒退的，嚴格意義上的因果關係並沒有影響；而是那些不時產生的大大小小的錯誤在發揮作用。而這些錯誤的產生，影響了個體成長。

人的心理成長過程中難免出現錯誤，這些錯誤和其結果密切相關，從而產生了某種失敗或者某種錯誤的人生方向。這全部都跟心理目標的確定有關，因為確定心理目標會涉及人的判斷，一旦涉及判斷，就會有出現錯誤的可能性。

目標的確定早在兒童時期就開始了，一般來說，兒童在二到三歲時就會為自己確定了一個追求優越的目標。這個目標指引著他們，激勵他們以自己的方式來達成。錯誤目標的確定通常是基於錯誤的判斷，不過，目標一旦形成，它就會以不同程度地來約束、控制著兒童。兒童把自己的目標具體落實到行動上，也會調整自己的生活，以便朝著目標全力以赴地展開追求。

因此，兒童對事物的個人見解決定著他們的成長，了解這一點非常重要。此外，當兒童陷入新的困境時，他的行為會局限在自己錯誤的認知中，認識到這一點同樣也很重要。正如我們所知，加諸兒童身上的印象，其深度或特點，並不取決於客觀的事實或情況，而是取決於兒童如何看待這一事實（如上述十三歲小男孩的例子）。這正足以反駁因果理論的說法：客觀事實和客觀事實的絕對涵義之間存在著必然的連結，但在對客觀事實的彼此錯誤看法之間卻不存在任何相關性。

# 行為模式邏輯

我們的心理奇妙之處在於，**決定我們要走的方向不是事實本身，而是我們對事實的看法**。這種心理非常重要，因為我們對待客觀事實的態度和看法是我們行動的基礎，也是我們構建個性的基石。有一個經典的例子可以佐證這一論點，那就是凱撒登陸埃及的情況。

凱撒在登陸海岸時被絆了一下，摔倒在地，羅馬士兵把這視為一種不祥之兆。如果這時凱撒沒有興奮地揮動雙臂，激動地喊道：「你屬於我了，非洲！」那麼，這些原本英勇無畏的羅馬士兵一定會掉頭返回。

從這一例子中，我們可以看出現實的結構對我們行動所起的作用是多麼的微小，而現實給予的效果，如果經過一個人的詮釋，又若這個人的個性是具有條理且與社會融合良好，那他能夠把效果轉變成各種可能。群眾心理學*與理性的關係也是同樣：假設有一種情況是理性常識凌駕了從眾心理，然而這並不意味著環境本身決定了從眾心理或是理性常識，而純粹只是這兩者對情境反映出自發性的觀點而已。通常，只有當錯誤的觀點成了強弩之末，理性常識才會嶄露頭角。

讓我們再回到那個十三歲小男孩的故事中。我們可以想像，小男孩很快就會陷入困境之中。沒有人會像過去那樣密切地關注他，他在學校沒有絲毫進步，行為上不做任何改變。他這種不斷地干擾別人的行為，成了他個性的完整表現。那接下來情況會如何發展呢？每當他騷擾別人，他就會受到教師的懲罰，甚至被記錄在案，學校會讓他父母到學校來，如果他還是屢教不改，學校就會建議父母不要再把孩子送到學校來了，因為這個男孩顯然不適應學校生活。

也許這種解決方法正是小男孩求之不得的，他的這種態度再次體現了他行動模式的邏輯連貫性。男孩始終秉持著一種錯誤的態度，且態度一旦形成，很難改變。他總想成為眾人眼中的焦點，這一觀點本身就是錯誤的。如果他因為犯錯誤而遭受懲罰，那麼，受到懲罰的應該是錯誤本身。由於這個錯誤的觀點，他總是不斷試圖

---

*群眾心理學（mob psychology）與集體行為心理學近似，研究一群沒有組織的暴民或群眾的行動與心理。

讓母親圍繞著他轉；由於這個錯誤，他將自己加冕為國王，擁有絕對權力長達八年之久，直到妹妹出生，他被奪了王位。在他喪失王位之前，他只為媽媽而存在，他的媽媽也只為他而存在。後來妹妹出生了，霸占了原本屬於他的位置，因此，他拚命掙扎想要奪回王位。這是他犯的另一個錯誤，但是我們必須承認，他的本性並不卑劣。兒童在面臨這種處境時並沒有任何準備，也沒有得到任何正確的指引，他只能獨自掙扎著去應付，此時，他的惡劣行為才會出現。舉個例子，就像一個兒童只習慣別人把注意力放在自己身上，突然之間，他就要面臨截然相反的處境。這個兒童到了上學的年紀，在學校裡，教師對所有學生都一視同仁。當這個兒童要求教師給予更多的關注時，那麼他自然會惹怒教師。對於一個一直以來被溺愛著，不過並非品性惡劣、不可救藥的兒童來說，這種處境充滿危機。

因此，我們可以理解案例中的男孩的個人生活方式與學校所要求的生活方式之間發生了衝突。如果我們用圖示的形式來描述這種衝突，我們會發現他的目標和學校所追求的目標的方向是不一致的，甚至是相反的。他生活中的所有活動，都由自身的目的所決定；因此，他全心地向著自己的目標努力，但是學校則期望每個孩子都有正常的生活方式，因而這個孩子個人目標和學校目標之間的衝突不可避免。但是學校方面並沒有了解這種情境之下兒童的心理，學校沒有體現出管理上的寬容，或者嘗試消除衝突的根源。

我們知道，這個男孩在生活中受一個動機制約，即讓母親只為他一個人服務、只為他一個人操勞。他心理的首要欲望就是：母親為我一個人所有，我要獨占她。但學校對他的期望則完全相反：他必須獨立完成學習，整理好自己的課本和作業，把自己的東西收拾得井井有條。這種情況就好比對一頭性情暴烈的賽馬，在牠的脖子上套上一輛馬車。

在這種情況下，這個男孩表現總是不盡如人意。不過，如果我們理解他的處境，我們就會給予更多的同情和寬容。懲罰他是沒有意義的，懲罰只會讓他更加確定想要逃離學校的想法。如果他被學校開除，或者學校要求他的父母將他帶回家，那就正中其下懷。他錯誤的感知系統欺騙了他，讓他覺得自己獲得了勝利。他現在可以真正地控制自己的母親，母親必須重新專門為他效勞，這是他求之不得的。

如果我們了解真實的情形，我們就得承認：對這個男孩所犯的錯誤予以懲罰是沒有作用的。例如孩子上學忘記帶書本——如果他從沒忘記過，我們才需要感到奇怪——因為他知道當他忘了什麼，他的母親才能夠有事為他忙碌。這可不是獨立的行為，而是這個孩子總體個性系統的一部分。如果我們明白一個人的所有個性表現都是相互一致，能成為一個整體，那麼，我們就可得知，這個孩子只是依照他的生命風格行事。孩子的行為與其個性保持一致這一事實也同時在邏輯上駁斥了這樣一種假設：即孩子不能完成學校的功課是因為他智力遲鈍。一個智力遲鈍的人是不可能從一而終地貫徹自己的生命風格。

我們能從這一案例中得知，在某種程度上，我們所有人都處於和這個小男孩相似的處境。我們自己的生活機制、我們對生活的理解，不會與既定的社會傳統完全和諧一致。過去，我們曾把社會傳統視為神聖而不可背棄的，可現在我們已經意識到，人類的社會制度和風俗習慣並不是恆定不變的，恰恰相反，制度與習慣總是在不斷變化發展著，而促進發展的動力則是來自於個體在社會中所做的追求。社會制度是為人所服務；人不是因為社會制度而存在的。的確，個體的解放在於培養社會意識，但這並不意味著我們就可以強迫個體接受千篇一律的社會模式。

個體和社會之間的關係是個體心理學理論的基礎，同時，又可以適用在學校制度上和處理那些難以適應學校生活的學生上。學校必須學會把兒童視為具有獨立個性的個體，視為有待雕琢的璞玉。與此同時，學校還應該學會運用心理學的知識去判斷、評價特定的行為。正如我們之前說過的，學校不應把特定的行為當成孤立的音符來解析，而是要將它視為整個樂章的組成部分：即整體人格的組成部分。

# 03

## 追求優越感對教育的重要意義

追求優越感和懷有自卑感是同一心理現象的兩個面向。兒童的某些特徵是環境作用的結果。相比將孩子培養得野心勃勃而言，我們更應該培養孩子的勇敢、堅忍和自信的品格，要讓他們學到解決問題的辦法。

# 自卑與超越

除了人格的整體，人性的另一個重要的心理事實，就是人們對優越感和成功的追求。追求卓越的訴求與人的自卑感有直接的關聯，如果我們沒有感受到自卑，我們就不會有突破現狀的欲望。追求優越感和懷有自卑感是同一心理現象的兩個不同面向，為了方便表述，在這裡我們分開來討論，本章我們將要討論追求優越感對教育的意義。

關於追求優越感，我們首先會考慮的問題是：追求優越感是否和我們的生物本能一樣是與生俱來的。我們對此做出的回應是：這是一個不大可能成立的假設。我們並不認為對優越感的追求是與生俱來的，但是我們必須承認，一定有一種培養基存於胚胎之中，並具有一定發展的可能性。或許，以這樣解釋比較好：人的本性與追求優越是密切相關的。

人的活動局限於一定的範圍之內，人的某些能力是永遠得不到發展的。例如，我們不可能擁有狗的嗅覺能力；也不可能用肉眼看到紫外線，但是我們擁有的某些功能性的能力是可以進一步得到發展的。就在這當中，我們看到了追求優越感在生物學上的根源，也可以從中看到人的個性在心靈上展開的所有來源。

其實，無論是兒童還是成人，在任何環境下都有一種要追求優越的衝動。人的本性無法容忍長期的低下和屈從、被蔑視和被侮辱的感覺、不確定感和自卑感等等，這些總會使人產生渴望攀登更高一級目標的願望，以獲得補償和達到完美。

我們可以證明，兒童的某些人格特徵是環境作用的結果。某種環境的力量造成了孩子的自卑、脆弱和不確定感，而這些感覺反過來又對兒童的整個精神心理產生了刺激作用，於是兒童就會下定決心擺脫這種狀態，達到新的高度，以獲得一種平等甚至優越的感覺。兒童努力向上的願望越強烈，他的目標就會訂得越高，以此來證明自己的能力，但是這些目標常常超出他的能力範圍。由於兒童在幼兒時期常常能夠獲得來自不同方面的支持和幫助，這便刺激兒童設想自己將來會成為一個無所不能的人。我們發現，兒童自己也會有揮之不去的幻想，他們會被一種「成為卓越人物」這樣的想法所控制，那些自我感覺脆弱的兒童身上，常有這種想法。

比如，一個十四歲的孩子有著嚴重的心理問題，在要求他回憶童年時期的印象時，他說，他記得在六歲的時候，因為不會吹口哨而感到極其痛苦。可是，有一天走出房間時，他竟然會吹了，他感到非常驚訝，並相信這是上天的傑作。這清晰地表明：脆弱感和想像自己是個大人物之間存在著密切的關聯。

追求優越感與一些明顯的性格特徵有著密不可分的關聯，透過觀察，我們可以從一個兒童對優越感的追求中看到他的野心。如果他渴望得到認可的願望過於強烈，那麼他往往就會產生嫉妒心理。這種類型的兒童很容易希望他們的競爭對手遭遇不幸。他不僅懷有這種陰暗心理，通常還會因此引起精神官能症，而且還會做出傷害別人的舉動，刻意地給別人製造麻煩，甚至表現出明顯的犯罪特徵。這樣的孩子為了證明、抬高自己的價值，會做出刻意詆毀中傷、羞辱對方的卑劣行徑，尤其是在眾人圍觀的公共場合特別如此。他自以為沒有人能夠超越他，因此，無論是抬高自己的價值還是貶低別人的價值都已不重要。當權力的私欲達到一定程度，他就會表現出報復心理。這種孩子總是表現出一種好鬥和挑釁的姿態，他們眼露凶光、大發雷霆，時時刻刻準備著和想像中的對手搏鬥。對於那些極力追求優越感的孩子，考試對於他們無疑是一個不小的挑戰，因為透過考試的評測，他們沒有價值的地方就會輕而易舉地暴露出來。

以上也證明，學校有必要針對學生的個性與心理特徵來調整考試制度，因為考試對不同學生來講意義不同。我們經常發現，考試對某些學生來說是一件極為艱苦的事情，他們的臉色忽白忽紅、說話結巴、身體顫抖，他們又驚又怕，大腦一片空白。有些學生不敢單獨回答問題，他們只能混跡在人群之中，因為他們害怕別人的眼光。兒童追求優越的心理在遊戲之中也有所體現。例如，兒童在玩駕馭馬車的遊戲過程中，追求優越感的兒童不願意去扮演馬的角色，他們對具有決定權的車夫更有興趣；他們想成為領導者，想去指揮別人。如果想成為馬夫的角色這一訴求受到阻礙，他們就會擾亂遊戲，以此為樂。如果他們屢遭挫折，並因此氣餒，喪失了信心和勇氣，那麼他們在面臨新的情境時就會表現畏縮，而不是勇往直前。

那些還擁有雄心壯志、不曾失去勇氣的兒童，依然會喜歡各種競爭性質的遊戲。不過，在遭受挫折時，他們也會表現出驚恐和不知所措。我們可以從孩子喜歡的遊戲、故事和歷史人物中，推斷出他們自我肯定的方向和程度。以成年人為例，有很多人對拿破崙有崇拜之情。理所當然的，對於那些雄心壯志的人來說，拿破崙無疑是一個恰當的偶像。整日沉溺於妄自尊大的白日夢中的人，都有著強烈的自尊心，當他們常遭受失望打擊時，他們常常會在夢境之中尋求心理的滿足與陶醉。

兒童在追求優越感時會趨向於不同方向，我們依此分為不同類型。當然，我們不可能將這種區分劃分得十分精準，因為兒童自信心決定了他們在追求優越感的程度，而這些程度彼此的差異太大。心理健康的兒童會透過努力獲得成就自己的優越感；他們會用行動來爭取教師的好感，也會將自己打理得整齊清潔，正是一個正常兒童的作為。不過，實際證明，這樣的兒童只屬於少數。

另一些孩子則是以優於別人為目標，並表現出令人不解的執著。通常，這種追求功利過強，容易被人忽視，因為我們習慣性地助長孩子的雄心，並鼓勵他們多加努力。但是，追求的目標太大往往會妨礙孩子的正常成長。雄心太大會給兒童造成很大的心理壓力，短時間內他尚能承受，不過，隨著時間的推移，這種緊張的心理壓力會不可遏制地加劇。如此一來，兒童可能會花過多的時間在書本上，從而忽視了其他活動。受制膨脹欲望的主宰，這類兒童往往為了做到成績名列前茅而迴避其他問題。我們很難滿意兒童這樣的發展方向，因為在這種情況下，兒童不可能得到身心的健康發展。

這類兒童的目標就是超越其他所有兒童，並依此來安排他們的生活，而這種目標的局限性會嚴重干擾他們的正常生活。這時，我們應該提醒他們，要多出去走走，呼吸一下新鮮空氣，常和朋友玩耍，而不是一味地將精力放在書本上。這類兒童雖不占大多數，卻也經常出現。

此外，還會出現一種在一個班級裡有兩個學生暗中較勁的情況。如果能夠得到機會仔細觀察，就會發現這兩個相互較勁的兒童會有一些共存的性格特點，但這種特點並不十分令人喜歡。他們身上有著善妒的性格，一個獨立的、和諧的個性是不會出現這種特質。這些兒童看到別的孩子獲得成功就會惱怒不已。當其他兒童處於優越位置時，他們的身體往往會出現頭痛、胃痛之類的症狀。當其他兒童受到表揚的時候，他們就會退至一旁，不會出口稱讚。然而，單是這種嫉妒情緒的表現，並不能充分解釋這類孩子爭強好勝的心理。

這類兒童並不能和他們的夥伴們和平相處。在玩遊戲的過程中，他們總是試圖做為領導者去指揮別人，也不願意遵守遊戲規則。然而，他們這樣做無法體會遊戲的樂趣。他們總是以居高臨下的姿態對待自己的同學，導致他們不能和同學們愉快地玩耍。在他們眼裡，同學會威脅自己的地位。這類兒童對獲得成功沒有一點信心，當察覺到自己處於危險環境之中時，就會手忙腳亂、不知所措。他們背負著別人和自己的期待，使他們難以承受這種負擔和壓力。

這類兒童能夠敏銳地感受到家庭對他們的期待，他們對這份期待總是懷著激動和緊張的心情；總是想著要超越別人，成為「萬眾矚目」的焦點。這種任務是一種負擔，但只要他們處於有利的情勢中，他們就會毅然決然地選擇負重前行。

如果人類掌握了絕對真理，能夠找到一種完美方法使兒童免遭上述困難，那麼，我們就不會有問題兒童了。**既然我們找不到完美的方法，也無法創造出盡善盡美的成長環境，那麼對孩子過於熱切的期望，無疑是一件異常危險的事情**。這些孩子在遇到困難時，比起那些沒有不良心理負擔的兒童而言，他們的感受完完全全不同。我們這裡所說的困難，是指不可避免的困難。想讓所有的兒童免遭困難實在是一種遙不可及的奢望，一方面是因為我們的教育方式不具有普適性，亟待改進；另一方面則是因為一味爭強好勝會摧毀他們的自信心，使他們缺乏足夠的勇氣去戰勝將要面臨的困難。

雄心勃勃的兒童只注重最後的結果；即人們肯定他的成績。如果成績得不到肯定，他們就不會感到滿足。眾所周知，在很多情況下，遇到困難時，保持心理的健康與平衡遠比馬上解決問題要重要得多。一個喜歡爭強好勝的兒童是認識不到這一點的，這種過度看重別人評價、有著嚴重依賴心理的兒童並不少見。

## 保持平衡

面對價值問題的判斷，保持平衡感是何等重要。我們從那些器官發育不完善的兒童身上看到，對自身價值問題，能夠不失平衡感是有多麼重要，而這樣的例子十分常見。許多兒童身體的左半部比右半部發育得更好，這一事實鮮少有人知道。在右撇子更為盛行的文明中，左撇子兒童會遭遇異乎尋常的困難。我們會發現，左撇子兒童在書寫、閱讀和繪畫的活動中，往往會陷入困境，他們在運用手的活動中表現笨拙，顯得不夠靈活（這是無庸置疑的，因為我們所處的世界，所有的東西都是設計給慣用右手的人）。我們通常需要借助某些方法去鑒定一個兒童是左撇子還是右撇子，不過，有一個簡單但不絕對的辦法就是讓兒童雙手交疊，左手大拇指在上的就有可能是左撇子兒童。我們會驚奇地發現有很多人是天生的左撇子，而他們自己並不知道。

如果我們研究左撇子兒童的過去，就會發現這樣的事實：首先，在右撇子文明橫行的時代，左撇子兒童通常被視為笨拙。這種情況就好比，當我們慣於靠右行駛的這些人，在英國或是阿根廷這種習慣靠左行車的國家裡，試圖開車穿越街道時，我們會感到不知所措。左撇子兒童在家裡遇到的情況只會比這更糟，當其他家庭成員都是慣用右手時，他們的左撇子不僅妨礙自己的生活，也會給家人帶來麻煩。在學校練習寫字時，他們在這方面的能力會低於平均水準。由於其他人並沒有了解到其中的原因，所以他們經常受到懲罰、抱怨、得到差的分數。在這種情形下，左撇子兒童除了相信自己在某一方面的能力確實有欠缺外，往往不會想到其他理由。

他們因而在心中產生一種被人貶損、被人看輕的感覺，覺得自己沒有能力與別人競爭，家人也會因為他們的笨拙表現而埋怨他們，這更加重了他們的自卑心理。

當然，左撇子兒童不一定會一蹶不振，但許多兒童在類似的情形下放棄了努力。他們不明白自己身處一個怎樣的困境中，更沒有人教他們如何走出困境，因而要自己走出困境的難度會更大。許多孩子從來沒有充分地訓練過自己的右手，致使他們字跡潦草難以辨認。事實上，這一困難是完全可以克服的，在許多頂級藝術家、畫家和書寫工匠當中，很多人是天生的左撇子，他們通過強化訓練獲得了善用右手的能力。

有一種迷信的說法認為：天生的左撇子如果接受使用右手的訓練，說話會變得結巴。其實，這迷信只不過要來解釋一項事實，這些左撇子兒童有時面臨的困難是如此的大，以至於他們失去說話的勇氣。此外，這也解釋了為什麼有相當多的左撇子被診斷出一些心理問題（神經質、自殺、罪犯、變態者等）。另一方面，有人發現那些戰勝左撇子困難的人，在他們生命之中，會取得更大的成就，這種情況常發生在跟藝術有關的領域中。

左撇子兒童的特徵告訴我們，我們應該給予孩子面對困難的信心與勇氣，否則我們無從判斷孩子的能力和潛力。如果我們恐嚇他們，甚至奪走他們對未來的憧憬與期待，他們或許尚且能夠生活下去；但如果我們鼓勵他們，使他們獲得勇氣，那麼他們就會取得更大的成就。

擁有雄心的孩子時常處境艱難，是因為他們評價的標準只局限於是否獲得成功；而不是根據他們是否擁有克服困難的勇氣和能力來判斷。**在當今社會，人們更關注膚淺易見的成就；而非著重於全面性的教育**。我們知道那種輕易獲得的成功總是短暫易逝的，因此，**將孩子培養得野心勃勃毫無益處，我們更應該著重培養孩子的勇敢、堅忍和自信的品格**，要讓他們學到：面對困難毫不畏縮，把遭遇的挫折當作一個新的問題去解決。當然，假使教育者能夠判斷孩子什麼時候的努力是無效的，什麼時候又該做好充分的努力，那麼，幫助孩子成長和發展則更容易取得進步。

孩子追逐優越感可以反映他性格的某一個特徵，例如：爭強好勝。許多孩子追逐優越感的最初形式就是表現為爭強好勝，但是由於其他孩子已經遠遠走在了前面，想要超越他們似乎是一件不可能辦到的事，他們因此放棄了這種嘗試。

對於那些看似沒有表現足夠雄心的兒童，許多教育者通常會採取強迫性的手段，或給出低的分數，想藉此喚醒他們沉睡的雄心。如果這些孩子勇氣尚存的話，這種方法有時也會奏效，但是不宜普遍使用。這種方法會把那些學習成績已經接近谷底的孩子，搞得更加不知所措，因此變得更加愚笨。

但是，如果我們能以溫柔、關心和理解的態度來對待孩子，他們往往會表現出令我們意想不到的能力與才智。透過這種方式調整過心態的孩子，好勝心很強，因為他們害怕再回到過去的樣子。他們舊的生活方式和毫無成就的過去，像是擺在眼前的警訊，不斷督促著他們取得更大的成就。在以後的生活中，他們當中會有許多人專注於工作之中，夜以繼日地忙個不停，但始終還會認為自己做得還不夠。

讓我們回到個體心理學的基本思想，即個體的個性（包括成人和兒童）是一個整體，依個性表現出的行為和他逐漸形成的行為模式是相符的，那麼，上面所闡述的內容就清晰了。剝離這個人的個性，單獨判斷他的某一行為是錯誤的，因為每個行為都可以用不同的角度來看。如果我們在評斷某項行為時，會心生不確定感，以上學遲到為例子，但當我們把它理解成是學生在面對學校交給他的任務時，不得不做出的反應後，我們的疑慮就能一掃而空。孩子的這一反應只是意味著他不願意上學，也不想完成學校交給他的任務；事實上，他會想盡辦法不遵從學校的要求。

從這個觀點出發，我們就能夠理解所謂的「壞」孩子是怎麼來的。孩子之所以表現得不喜歡上學，是因為孩子對優越感的追求沒有轉化為接受學校的要求，反而抗拒學校的要求。於是，孩子會表現出一系列典型的行為徵狀，屢教不改、故意作對，並逐漸墜入不可救藥的境地。他樂於扮演一名小丑的角色，不斷地調皮搗蛋、引人發笑、招惹同學、曠課翹課，與不三不四的人為伍。

因此可見，我們不僅掌握著學生的命運，還影響著他們未來的發展，學校教育與訓練對個體的未來具有相當決定性的影響。學校處於家庭與社會之間，學校有機會可以矯正孩子在家庭教育中形成的錯誤生命風格；也有責任為學生適應社會生活做好準備，以確保他們在社會這個樂團中，和諧地扮演好自己的角色。

## 學校的教育

從歷史的角度來考察一下學校所發揮的作用就會知道，學校是以社會理想、時代需求來塑造個體的。過去，學校曾經先後為貴族、教士、中產階級和平民大眾服務，也就是說，學校總是按照時代的要求和統治階層的需要來教育孩子。如今，學校也應該為了適應社會理想來做出改變。因此，如果當今社會所需要的成年人的典型，是獨立、自主、富有勇氣的人，那麼，學校也應該做出調整，以此作為教育目標來培養人才。

換句話說，學校不能將自己的訴求作為培養學生的目標，學校是為社會服務的，必須按照社會的標準來教育學生。因此，對那些放棄努力進步的學生，學校也不應該放棄。這類學生追求優越感的動力並不比其他人小，只是他們把精力全都放在一些他們認為不需要太多努力就能成功的事情上。遑論對錯，至少他們相信這樣比較容易成功。這有可能是因為他們曾潛意識地在這些方面進行過摸索，並取得了成就有關。因此，或許他們不能在數學上取得成績，但卻能夠在體育項目上大顯身手。教師千萬不要輕視孩子在某些方面的優勢，而是要把這種優勢當作教育的突破口，鼓勵孩子也能在其他方面爭取成績。如果教師一開始發掘到孩子的發光點，並且鼓勵他們在其他方面也取得同樣的成績，那麼教師的任務也會輕鬆很多。這就猶如把孩子從一個長滿果實的花園引到另一個碩果纍纍的花園。既然所有孩子（智力低下的兒童除外）都有取得成功的能力，那麼學校的任務就是克服各種人為設置的障礙。這些人為障礙出現的原因，源自於學校往往以抽象化的學業成績作為成功的標準，而不是參照社會的終極需求與目標。從學生的角度來看，這些障礙反映出學生缺乏自信心，而結果就是他們不會在對社會有益的的活動中去追求優越感，因為對這些孩子來說，他們無法從中獲得孜孜以求的優越感。

在這種情況下，兒童會如何應對呢？他會想到逃避的方法。我們經常發現這些兒童會做出一些古怪行為，例如倔強、頑固、無禮等，這些表現雖然不能贏得教師的讚美，但卻能成功地吸引教師的注意，甚至獲得其他兒童的崇拜。他們會以此為榮，將自己視為了不起的人物。

處在學校這個試煉的場所，兒童會暴露出這些心理表現和偏離規範的行為。不過，儘管兒童的這些行為偏差是在學校才初露端倪的，但其根源並不完全源自學校。積極來講，學校的確有教育和矯正兒童行為偏差的義務；但消極來講，學校只是一個會暴露兒童早期家庭教育弊端的場所。

一位稱職的教師在孩子入學的第一天就能敏銳地從他們身上觀察到許多東西，因為孩子很快就能顯露出家庭教育的一些特徵。一個深受溺愛的孩子會覺得新環境帶給他許多不適和痛苦，這類孩子還沒有學會如何與其他人相處，孩子要能夠和別人交朋友，這一點很重要。如果孩子在入學前就從家庭中得到如何與人相處的一些知識，比如，我們不能讓他只依賴某一個人，而將其他人排除在外。學校當然有責任矯正孩子在家庭教育中的行為偏差，但我們當然也希望孩子原先就不要帶有那麼多偏差來學校。

我們不必期待一個被寵壞的孩子能在學校專心於學業，那幾乎是不可能的。事實上，他們還沒有「學校」的意識，他們寧可待在家裡也不願意上學。孩子厭學的跡象總是能夠被輕易察覺，例如，每天早上父母催促孩子快點起床、快點吃早餐，孩子厭學的這種表現，已經為自己的進步構建了一道不可逾越的鴻溝。

這種問題類似於左撇子兒童的問題，我們必須給予他們足夠的時間去學習和矯正。如果他們上學遲到，懲罰只會讓他們更加不喜歡學校，讓孩子更加認定自己不屬於學校。如果父母用體罰的手段強迫孩子去上學，他們會尋找辦法來因應，但只會選擇逃避困難而不是面對困難、解決困難。我們可以從孩子的任意一種行為中看出他們是否厭惡學習：如果一個孩子總是習慣性地忘記拿書本或遺失書本，那麼我們可以判斷這個孩子的學校生活並不順利。

如果進一步檢視，我們會發現這些孩子對學業上的成功通常不抱有期待和希望，自我低估並不完全是他們的責任，周圍的環境讓他們持續行走在錯誤的路上。家人在對他們失望時會口出惡言，預言他們不能有光明的前途，或者咒罵他們蠢笨無能。這些孩子到了學校，發現那些預言被一一證實，然而這些孩子自身缺乏判斷分析能力去糾正這種錯誤看法，因此，他們還沒有努力過就已經放棄了成功的希望。他們認為這是不可跨越的障礙，並且進一步佐證了自己能力低劣或不足。

錯誤一旦發生，得到矯正的可能性就很小。儘管這些孩子已經做出了努力，但卻依然落後於別人。這個事實也促使他們很快放棄對學業的希望，並順理成章地成為他們翹課的藉口。翹課，通常被視為非常惡劣的行徑，對此要受到嚴厲懲罰。於是，孩子會認為自己是迫於無奈的，他們會使用詭計、造假的手段來使自己免遭懲罰，甚至會使用一些手段，結果讓他們在錯誤的道路漸行漸遠。他們會模仿家長簽字、篡改學習成績單；他們會向家長編造謊言、陳述在學校的經歷，但實際上他們已經翹課很久了；在學校上課期間，他們會尋找一些藏身之處，而這些地方也經常藏匿著一些「志同道合」之輩。翹課以後，若他們追求優越感的心理訴求再無法得到滿足，這就促使他們採取更為偏激的行動以追求優越感，甚至會做出違法的事情來。這樣一來，他們在錯誤的路上越走越遠，最終往往以違法亂紀告終。他們成群結夥、開始盜竊並錯以為這樣做自己就長大成人了。

一旦他們走出犯罪的第一步，他們就會繼續行走在這種滿足優越感的路上，只要他們的行為還沒有被人發現，他們就膽敢犯下更嚴重的罪行。他們想在這條不歸路上繼續前進，因為他們覺得自己不能在其他方面取得成功。他們不會考慮去做任何富有建設性和有益的事情。受到爭強好勝的心理驅使，他會做出新的犯罪行為以在同伴之間「脫穎而出」。我們可以發現，一個有犯罪傾向的孩子同時也會極端自負。這種自負和野心源於相同的理由，它迫使孩子追逐優越感以凸顯自己。當他們在生活的積極方面找不到優勢時，就會轉向生活的消極方面。

我們來看一個孩子殺死教師的案例。透過調查，我們發現了這個孩子身上擁有上述所有人格特徵。男孩的女家庭教師相信自己很了解這個男孩的心理，其中包括心理活動的表達和功能。這個男孩在女教師過於小心翼翼又神經兮兮的教育環境中長大。他曾經志向高遠，後來卻蕩然無存，也就是說已完全氣餒了，他也因此對自己失去了信心。學校和生活都滿足不了他的過高期望，現在卻什麼都不是。他無法在學校中找到優越感，轉而做起了違法犯罪的事情。如果我們這個社會能有一種機制，把罪犯——特別是少年犯——視為是學校教育問題，讓學校去矯正他們心理的謬誤，那麼，他們就不會憑藉犯法來逃離學校教育與監護兒童專家們的控制了。

從事與教育相關的人都會注意到這樣一個值得關注的事實：我們經常會在教師、醫生、律師的家庭裡發現任性頑固的孩子。這就證明無論是在職業聲望不高的家庭；還是在較高的職業權威的家庭裡，孩子教育失敗的問題屢有發生。儘管有些人擁有很高的職業地位，但他們好像沒有能力為家庭帶來和平與秩序。這歸根到底是因為在所有家庭中，某些重要的教育觀點要麼被無視；要麼被誤解，還有一部分原因是，那些擁有教育者身分的父親，往往將在工作中的權威帶回到家庭裡，將一些嚴格的規定強加給他們的孩子。這樣一來，他們的嚴厲要求與控制就威脅到了孩子的獨立人格。他們這一行徑喚醒了孩子的反抗意識；喚起了他們記憶深處家長以棍棒教育子女的暴力壓迫；這也喚起了他們的報復意識。我們應該記住，刻意的教育是對孩子的一種特別關注，在大多數情況下，這是一件好事，但如果實施的是在自己的孩子身上，會導致一種結果：孩子想永遠都處於被關注的中心位置。這樣一來，他們會將自己當作一種被展示的試驗品，並將責任歸結在操縱者身上，當有困難和需要擔當責任時，他們理所當然地袖手旁觀。

# 04

# 正確引導孩子追求優越感

每個孩子都在追求優越感，教育者的任務就是把這種追求，引向有建設價值和有益的方向，並確保孩子的努力追求給他們帶來的是精神健康和幸福，而不是精神官能症和災難。

## 有益的標準

眾所周知，每個孩子都在追求優越感，教育者的任務就是把這種追求引向有建設價值和有益的方向，並確保孩子的努力追求給他們帶來的是精神健康和幸福，而不是精神官能症和災難。

那麼這一工作該如何進行呢？如何區分追求的方向究竟是有益、還是無益的？標準又是什麼呢？答案就是要符合社會利益。每一個值得炫耀的成就都是符合社會正向價值觀的。想想那些我們認為的高尚偉大的壯舉，這些行為不止對壯舉的創始人意義重大，對社會同樣具有重要的價值。因此，孩子的教育必須要有條不紊，讓孩子認可社群情懷，或者說，加強孩子對社會價值的認同感。否則，孩子若對優越感的追求違背了社群情懷，最終會演變為問題兒童，而這一切只是起源於教育者沒有導正其追求的方向所致。

的確，對於什麼才是對社會有益的標準，人們的看法不盡相同。不過，我們能夠肯定的是，透過樹上結的果實可以來判斷這棵樹的好壞，也就是說我們可以從個體某一行為的結果，來判斷這一行為對社會是否有益，這也意味著我們還要把時間效果等因素考慮在內。這個行為必定與現實的邏輯有交集，而從這交集，去判斷此行為普遍上來說符不符合社會的需求。判斷的標準是深具普世價值的，而無論結果是不符合社會利益或是與其一致，早晚都會水落石出。幸運的是，複雜的價值判斷在生活之中運用得並不普遍，例如政治變革、社會變遷等，這種事實總是需要經過歷史的檢驗才能得出結論。

不過，在個體生活的範疇內，行為的結果最終都會顯示出行為是有益的、還是無益的。站在科學的角度上來看，沒有任何一種行為是絕對有益無害的，因為這關乎絕對真理，關乎對人生問題的正確解決，而人生問題受地球、宇宙和人類關係的邏輯制約。這種制約就如同一道難解的數學題擺在我們面前，儘管解題十分困難，但是問題的答案就在問題裡面。我們要想判斷解決辦法的正確程度，只有積極參考這一問題的相關材料，研究問題產生的背景。遺憾的是，我們檢驗問題答案的時機總是姍姍來遲，以至於我們沒有時間糾正錯誤。

由於人們難以站在客觀的角度審視自己的生活結構，這就使很多人都不能理解自己的行為模式其實連貫一致。生活中一旦出現問題，他們就會慌亂恐懼，而不是尋找解決問題的辦法，他們會把問題出現的原因歸咎於自己選錯了路。值得注意的是，當孩子偏離了對社會有益的方向，他們就無法從消極的經驗中獲得積極的教訓，因為他們並不理解問題的真正意義。因此，有必要教導兒童不要將生命中的經歷看成獨立事件，這些經歷在生命中是相互關聯的，任何事件都是存在於自己整體生命的背景之下，孩子想要解釋當下的事情，只有和以往的事情連結起來才能得到結果。孩子只有明白這個道理，才能了解自己步入歧途的原因。

## 獲取特權的小手段

在進一步探討追求有益的優越感與無益的優越感之間的差別之前，先來談談一種似乎與我們的理論相矛盾的行為，即懶惰行為。從表面上來看，懶惰與「孩子天生都有一種追求優越感的心理需求」的觀點相互矛盾。我們責備懶惰的兒童，說他們沒有追求優越感的渴望，沒有雄心大志。但事實上，若我們仔細觀察他們，我們會發現這樣的想法普遍是錯誤的。其實，他們正在享受懶惰帶給他們的好處，他們不必背負別人對他們的期望，即便他們沒有什麼成就，別人也不會過分苛責他。因為他不願意努力，所以總表現出一種無所事事、鬆鬆散散的樣子，但是他的懶惰卻成功地吸引了別人的關注，至少他的父母要為他操心。想想看，有多少小孩不惜任何代價，想吸引別人關注。這樣我們就能理解為什麼懶惰兒童會有這樣的點子，想利用懶惰來引起別人注意。

心理學對孩子懶惰的解釋往往過於片面。很多時候，懶惰只是孩子緩解自己處境的一種手段，他們總是把自己的無所建樹歸咎於懶惰。這樣一來，大家就不會指責孩子愚笨；相反的，孩子的家人通常會說：「這孩子如果不懶惰，就沒有他做不成的事。」相比於愚笨，孩子還是更喜歡懶惰的評價，這對於沒有自信的孩子來說無疑是很好的安慰。此外，這個似是而非「如果是」的句子——如果他不懶惰，他什麼都能做得到——撫平了他們毫無成就的挫敗感。這類孩子一旦透過努力取得了某些成就，就會和他之前的毫無建樹形成鮮明的對比，因此獲得極大讚賞，反而是那些平常就很認真的小孩，在得到更大的成就時，卻未必得到相對的讚賞。

因此，懶惰的背後通常隱藏著一種不為人知的「小心思」。懶惰的孩子就像走鋼索的人，在鋼索下面有著一張保護網，即便他們掉下去，也不會受到傷害。簡而言之，懶惰是那些缺乏自信的孩子的一道屏障，也成了阻礙他們面對困難、逃避困難的藉口。

當我們思考日前的教育方法，我們知道對懶惰的孩子無計可施，**人們越是喋喋不休地責備一個懶惰的孩子，越是合他的意。人們為他操心，不斷地責備，以至於轉移了人們對他的能力問題的關注**，而這正是他所期望的。對他來說，懲罰也是如此。如果教師妄想透過懲罰方式來治癒兒童的懶惰毛病，那他終究會失望的，就算最嚴厲的懲罰也無法將懶惰的兒童變成勤快起來。

如果真的發生了轉變，那只是他們所處的情勢發生了變化。例如，一個孩子史無前例地取得了某種成就，那可能是因為相較於原來的教師，新來的教師更加溫和，更願意理解他，真誠地與他談話，給了他新的勇氣，而不是打擊他本來就所剩無幾的自信心。孩子由懶惰到勤快的轉變幾乎是突如其來的。我們經常會遇到一種情況，孩子的學業一直停滯不前，但換了一個新環境之後卻變得異常勤奮，這主要是因為外在環境改變了。

有些孩子不是採取懶惰的方法，而是透過裝病來逃避學校的學業任務。有些孩子在考試的時候情緒緊張，是因為他們覺得教師會因此多給他們一些照顧。一些愛哭的孩子存在著相同的心理：哭喊和精神緊張都是他們獲取特權的手段。還有一些因身體上種種缺陷而要求特殊照顧的兒童，也歸屬於上述心理類型，比如口吃的兒童。其實那些常與幼兒相處的人應該會發現，當幼兒開始學說話時，都有著輕微的口吃現象。兒童說話能力發展的快慢受多種因素影響，其中首要因素就是兒童社群情懷發展的強度。社會意識較強、樂於與別人交往的兒童相較於那些迴避社交的兒童，說話能力發展得會更好一些，也更容易一些。甚至還有一種情況是，覺得說話是一種顯得多餘的活動，例如：對過度保護與溺愛的兒童來說，根本不用等他開口提出任何需求，身邊的人就會先推測他的需求，並且滿足他（就好像在對待又聾又啞的兒童一般）。

## 語言障礙的警訊

當孩子在四到五歲的時候還沒有學會講話，他們的父母就會擔心孩子是否有聽力發聲障礙。不過在經過聽覺測試後，他們很快就會排除孩子聾啞的可能性，因為他們發現孩子的聽力很好。

如今，人們會發現兒童確實生活在一個沒有需要說話的環境裡。當人們習慣於將所有東西都放在「銀盤子」裡端到孩子面前時，他們就不會有說話的迫切需要。如此一來，孩子自然很晚才會說話了。

孩子用語言來表示對優越感的追求以及追求的方向，且不管這種表達是用來取悅父母，還是用來滿足自己的日常需求，無論任何一種，如果他們都沒有機會說出來表達自己，那麼我們自然會憂心孩子的語言能力是否出現了問題。

有些孩子可能存在其他方面的語言缺陷，例如，他們對一些發音有困難，如ｒ、ｋ、ｓ音，這些語言障礙都是能夠矯正的，但依舊有些人在成年之後還是會口吃、咬舌或者吐字不清。

隨著年齡的增長，許多兒童能夠擺脫口吃的困擾，只有一小部分孩子需要接受治療。我們可以從下面這個十三歲男孩的案例中看出治療的困難來。

這男孩在六歲的時候開始接受治療，治療持續了一年，但並沒有什麼效果。接下來治療停滯了一年，直到第三年的時候才又請了一名醫生。不過，經過一年的治療，男孩的情況並沒有得到明顯改善。第四年治療由此再次停滯。

第五年的頭兩個月，家裡請了一位語言教育專家來對男孩進行治療，結果情況非但沒有好轉甚至還惡化了。過了一段時間，這個男孩又被送到專門的機構矯正口吃，持續治療了兩個月取得了一些成效，但六個月後，口吃的毛病又出現了。

這個男孩後來又在另一位語言教育專家那裡接受了八個月的治療，治療依舊沒有成效。後來又請了一名醫生，同樣沒有效果。在第二年夏天，他的情況有所好轉，但在假期結束之時，又恢復了原樣。

在治療期間，主要採用高聲朗讀、說話時減慢語速、做口頭練習等方法。人們注意到一定程度上的激動會使他口吃的情況得到短暫的改善，但這種情形持續不久就會恢復原樣。這個男孩並沒有器官缺陷，只是在幼年時期曾經從二樓摔下來，得過腦震盪。

教過這個男孩一年的教師這樣評價他：「教養良好、勤奮、容易臉紅、有點敏感易怒。」

教師說，男孩在學習法語和地理的時候非常吃力，而且每逢考試，他就會表現得異常緊張。他特別喜歡體育活動，對技術性的活動表現出濃厚的興趣。他雖然沒有表現出領導者的特質，同樣能與同學相處得很好，但卻時常會和弟弟吵架。他是個左撇子，十二歲的時候他的右臉發生過中風。

在家庭環境方面，男孩的爸爸是一位容易緊張敏感的商人，每當男孩說話口吃，他的爸爸就會嚴厲地斥責他，即便如此，他卻更害怕媽媽。他有一個私人家庭教師，很少有自由時間，因此跟媽媽在一起的時間也很少。他覺得媽媽不公平，因為她更疼愛弟弟。

基於以上事實，我們可以得出這樣的結論：男孩容易臉紅，表明他一旦和別人相處，緊張的情緒就會有增無減，這一現象也和他口吃的習慣有關。他的口吃習慣已經內化為他大腦系統中的一部分了，這也是即使是他喜歡的教師也不能治癒他的口吃的原因。

綜合以上所述，我們可以得出口吃的原因並不在於外部環境，而是在於他對外部環境的感知的結果。他的敏感和易怒可以在心理學中找到合理的解釋。他並不是一個消極被動的孩子，他只不過是透過敏感易怒的形式，表現出他想被認同的渴望以及對優越感的追求。

個性脆弱的人大多如此，另一項證明他的灰心氣餒的是他只和年紀比他小的孩子吵架，他考試前的緊張則顯示了他擔心自己技不如人，又害怕與成功失之交臂的心理。強烈的自卑感將他對優越感的追求引入了一條對社會無益的道路上。

相較於家庭環境的不順心、不如意，男孩更願意留在學校。在家裡，他的弟弟才是家庭關注的重心與焦點。他身體受傷或受過驚嚇的經歷雖然對他口吃造成的影響不大，但也確實削弱了他的勇氣。他因弟弟而受到冷落，被擠到家庭中的邊緣地位。

另一件值得關注的事是，這個男孩八歲時還在尿床。這一徵狀一般出現在那些一開始深受父母寵愛，後來被家庭中的其他孩子霸占中心地位的兒童身上。尿床能傳遞出來的訊息就是：男孩無法接受被冷落的境遇，因此透過尿床來引起大人的關注。

男孩的口吃是完全能夠治癒的，只要我們鼓勵他，教育他學會獨立。透過交給他一些力所能及的任務，幫助他樹立自信心。男孩承認是弟弟的出生讓他不愉快，但我們必須要讓男孩明白，他的嫉妒才是讓他走上錯誤的道路的原因。

## 當劣勢成為一種防禦機制

對於口吃這一語言障礙，我們還有許多需要說明的地方。口吃者在情緒激動的時候會有什麼症狀？很多口吃者在發怒罵人的時候語言流利，絲毫沒有口吃的症狀。年長一點的口吃者在閱讀和戀愛的時候，交流也沒有障礙。這一事實證明，導致口吃的關鍵性因素是口吃者與別人的關係。也就是說，當口吃者與其他人建立連結，且必須借助語言來表達自己的時候，他的緊張情緒就隨之而來。

如果在學習說話的過程中沒有遇到任何困難，那麼大家就不會格外關注他說的話。而如果他在這方面存在問題，那麼他將會成為家人談論的對象，成為家人注意的中心。孩子也會特別留意說話的問題，他會有意識地控制自己的表達。有意識地控制行為的操作往往會引起功能的紊亂。梅林克的童話故事〈癩蛤蟆的逃脫〉就是上面結論的有力證明。

癩蛤蟆在路上遇到了一隻千足動物，並對這一動物的千足特徵大加讚賞。癩蛤蟆好奇地問：「你走路的時候，首先邁出哪隻腳，又是如何依次分配其他九百九十九隻腳的呢？」千足動物開始思考並觀察腳的移動，牠試圖弄明白自己是如何依次邁出牠的腳的，結果卻把自己搞糊塗了，竟連一步都邁不出來了。

雖然釐清我們生活的方向與軌跡有著極其重要的意義，但是，試圖控制生命的每個步驟、細節，卻百害而無一利。我們只有任憑身體肆意發揮，才能創造出生命中的藝術作品。

儘管孩子的口吃習慣會給自己將來的發展帶來諸多消極影響，儘管家人對口吃兒童的同情和特別關注都是對孩子的成長有害無利，但是，依然有許多人不是尋找改變現狀的時機與機遇，而是一味地尋找藉口逃避問題。這種現象在孩子和成人身上都有所體現，他們對未來喪失了信心，孩子更喜歡依賴別人，並想以自己明顯的劣勢來贏得優勢地位。巴爾扎克在一個故事中佐證了這一論點。

故事中的兩個商人都想從對方身上得到更多的利益。他們正在做一樁生意，商量價錢的時候，其中一個商人開始說話結結巴巴的，他的對手意識到，他是想透過口吃來爭取思考的時間，他靈機一動想到了對策——他突然裝作耳聾，假裝什麼都聽不到了，口吃者不得不努力讓對方聽明白。這樣一來，雙方就扯平了。

儘管口吃者有時會利用這種口吃習慣來爭取時間，或者總是習慣強迫別人等他把話說完，但這並沒有什麼值得苛責的。我們還是要鼓勵他們，友好溫柔地對待他們。只有透過積極的鼓勵才能增強他們的勇氣，從而完全治癒他們口吃的毛病。

# 05

# 兒童的自卑情結

在每個人身上，追求優越感和懷有自卑感是並存的，因為自卑，我們才會去追求優越感，我們企圖透過努力追逐來獲得成就以消弭自卑感。

## 自卑情結中的惡性循環

在每個人身上，追求優越和懷有自卑感是並存的，因為自卑，我們才會去追求優越，我們企圖透過努力追逐來獲得成就以消除自卑感。自卑感給人帶來的影響並不大；除非這種自卑感已經阻礙了他對優越感的追求，或者由於對器官缺陷而產生的自卑感加劇到使人無法承受的程度時，就會形成自卑情結。自卑情結是自卑感的膨脹和放大，它驅使人們追逐唾手可得的補償和似是而非的滿足。同時，這種自卑情結過分誇大，消滅了自己對抗困難的勇氣，堵住了通往成功之路。

再以上一章中那個患有口吃的男孩的案例來說明。這個男孩口吃的部分原因就是缺乏勇氣，而他的口吃又反向加劇了他的氣餒。這就是在神經質自卑情結中常見的一種惡性循環。男孩想躲到角落之中，不願意與任何人交談，因為他已經徹底絕望，甚至想過自殺。男孩的口吃實際上是他生活模式的表達和延續，這一病症贏得了周圍人的關注，使他成為人們關注的焦點，這也因此緩解了他內心的困頓。

這個男孩將自己的人生目標定得過於高遠，希望自己成為一個舉足輕重的人物。他想要取得關注和認可，因此表現得與所有人都相處的友好和善，並將自己的工作安排得有條不紊。此外，他還為自己的失敗找了一個萬無一失的藉口——口吃。這個案例之所以富有啟發性，是因為這個男孩儘管在追求的方向上大體是積極向上的，但從另一個層面上來看，他的信心與勇氣依然在遭受破壞。

當然，口吃只是那些喪失信心的孩子所採取的防禦手段之一，他們並不相信能夠憑藉自己的努力和天分就能取得成功。這類孩子所採用的手段，類似於大自然賦予動物們用來自我保護的利爪和銳角。不難看出，這些孩子之所以採取這種手段，是因為他們的脆弱和絕望。在他們心裡，這些是賴以生存的手段。有些孩子不去控制自己的大小便，藉此用來宣告他們不想告別自己的嬰兒時期，不想告別無憂無慮的日子。他們運用這些小把戲只是為了得到父母和教師的同情，儘管這樣做有時會招致夥伴們的嘲笑。因此，孩子的種種行為不應被當作一種疾病，這只是他們自卑情結的一種表現，或者是他們追求優越感時，方向偏差的一種警示。

小男孩的口吃也許只是一個微不足道的心理問題衍生而來。在曾經很長的一段時間裡，他是家裡唯一的孩子，他的母親全心全意地為他操勞。隨著他逐漸長大，他也許察覺到家人對他的關心逐漸減少，於是便想出了一個新花招去吸引家人對他的注意，此時的口吃便有了不同尋常的意義。他注意到在和別人交談時，對方會刻意地關注他的口型和吐字。透過口吃，他便可以將可能屬於他弟弟的關注和時間都爭奪過來了。

在學校也是一樣的情況。因為口吃，他從教師那裡得到了更多的關注。這樣一來，無論是在家裡還是在學校，他都得到了與眾不同的關注。就如同那些好學生一樣引人注目，這正是他所不懈追求的。毫無疑問，他在學校是個好學生，不過，這是因為他口吃的「優勢」使事情都變得相對簡單了。

雖然他的口吃獲得了教師的優待，但這並不值得宣揚和推薦。一旦這個男孩沒有得到預想中的關注，他就會比其他孩子更容易受到傷害。弟弟的出生帶走了原本屬於他的父母的關心，這使他變得悶悶不樂。不同於其他孩子，他沒有將自己的興趣轉移到其他方面。在家庭環境中，媽媽對他來說是唯一重要的人，他對其他人一概沒興趣。

對於這類孩子，想要治癒他們，就必須先鼓勵，幫助他們重建自信心。我們要以友善同情的態度對待他們，與這些孩子建立友好的關係，而不是一味用嚴厲的態度去恐嚇他們。當然，僅僅做到如此還是不夠，我們要與孩子建立友好關係，鼓勵他們積極向上，不斷努力。我們只有培養起孩子的獨立意識，才能讓他們始終保持積極努力的方向。我們應採取不同的方法使他們對自己的能力和身體感到自信，使他們相信，只要有毅力和勇氣，就能夠取得偉大的成就。

## 消極語言會剝奪孩子的希望

在教育孩子時，最大的錯誤無異是對誤入歧路的孩子惡言相向，斷言他們以後肯定會變壞。這種愚蠢的評價對情形的轉變毫無幫助，只會加劇孩子的怯懦。恰恰相反，我們應該用鼓勵的態度幫孩子走入正途，正如古羅馬詩人維吉爾所說，「我能，是因為我相信。」

以為用羞辱的方式就能糾正孩子的行為是謬論，即使有時候我們的確看到有些孩子因為害怕受到別人的羞辱和恥笑而改變了自己的行為，但這只是表象。這種方法是行不通的，我們可以從下面這個案例看出這種做法無效。

小男孩因為不會游泳而遭受朋友們不停地取笑，他羞怒難當，縱身一躍，從甲板跳入深水之中，人們幾經周折才將他救了上來。當一個怯懦的人在自尊心受到威脅和挑戰的時候，也許會抵抗，但這種抵抗的方式往往危險且不合理。這個男孩無疑是個怯懦的人，他害怕承認自己不會游泳。不顧一切跳入水中並沒有克服他心中的怯懦，相反的，更強化他不敢面對現實的心理。

怯懦這一性格特徵破壞了人與人之間的關係。一個老是為自己言行擔憂的人無暇顧及別人的感受，他甚至會犧牲別人的利益以贏得自己的尊嚴。怯懦的性格特徵帶來的是個人主義、爭強好勝的人生態度，這種人生態度遠不足以消除因為別人的意見帶來的恐懼，卻能成功地毀壞社群情懷。一個懦夫總是害怕遭到別人的嘲笑、蔑視或貶低，他終日生活在敵意之中，從而形成了多疑、嫉妒和自私的性格。

有這種性格的孩子通常會變成尖酸刻薄、挑剔自私之人。他們極少開口讚美別人，當別人得到讚美時，他們就會心存不滿。如果一個人追求卓越的手段不是成就自己而是貶低別人，這就充分證明他是個怯懦的人；如果發現兒童有對別人產生敵意的念頭，教育者就有責任去消除兒童對別人的敵意；但如果教師沒有發現兒童有此類問題，那麼矯正兒童的不良性格特徵就無從下手了。**教育兒童的正確方法是：告訴他們，期望不透過努力就得到別人的尊重是錯誤的想法**。教育者有責任幫助兒童培養與其他孩子之間的友好感情，教導他們：無論別人是做錯了事，還是成績不夠優秀，我們都不應該輕視別人，否則，會造成別人有自卑情結，使他喪失對生活的勇氣。

一個孩子如果被剝奪了對未來的希望，那麼就會從現實中退縮，從生活消極無用的方面尋求補償。**教育者的主要任務，也就是他們的神聖職責，就是確保每個學生都擁有對抗困難的勇氣，並幫助那些初入校園就灰心喪氣的孩子重新建立自信心**。這是教師的職責所在，因為只有在充滿希望與朝氣的兒童身上，教育才有可能獲得成功。

對於有些雄心過大的孩子來說，挫折感只是暫時的，儘管他們一直在進步，但他們終將在面臨職業選擇的那一刻喪失希望。還有一些雄心過大的孩子，一旦沒有取得理想的成績，就會有很長一段時間都陷入自暴自棄的狀態，這可能是因為潛藏在孩子內心的理想與現實的衝突忽然爆發了。這時，他們可能會表現得不知所措或焦慮不安。此後，如果他們這種自暴自棄的情緒沒有及時得到疏導，他們就會變得有始無終，長大後演變為頻繁地更換工作，因為他們認為自己不能圓滿地做好一件事，總是害怕遭遇挫折與失敗。

兒童對自己的評價也非常重要。如果採取簡單的問答方法，我們並不能了解孩子對自己的真實評價。無論提問的方式多麼巧妙，我們只會得到模棱兩可的回答。有些兒童覺得自己舉重若輕；另外一些則認為自己一文不值；如果我們對後者稍加觀察就會發現，在這些孩子耳邊經常會聽到大人對他說「你怎麼這麼笨！」或者「你真是一無是處！」這樣的評價。

大部分兒童都會被這種帶有貶低意味的評價深深傷害，還有一部分兒童會透過貶低自己能力的方式來保護自己。

既然問答的方法不能使我們了解兒童對自己的真實評價，那麼我們可以透過觀察的方法，了解他們如何面對所遭遇的難題。例如，他們面對困難是迎難而上、勇敢自信，還是裹足不前、優柔寡斷；後者是缺乏信心和勇氣最常見的表現。這種類型的兒童在面對困難時，往往最初會表現得勇氣十足，不過，當他和困難短兵相接的時候，他就會變得縮手縮腳，和困難保持一定的距離。他們有時會被視為懶惰，有時則被認為心不在焉，這兩種形容雖然不同，但本質是一樣的。他們不像正常兒童那樣竭盡全力地去解決問題，而是被障礙所征服。有時候，兒童會欺騙家長，使他們誤以為這些兒童缺乏能力和天賦，但如果我們了解情況的前因後果，並結合個體心理學的基本原則分析，我們會發現，這些兒童的問題是缺乏自信和勇氣，他們總是低估了自己。

我們探討追求優越感問題的時候，發現個體會偏離追求優越感的正確方向。一個完全以自我為中心的人是社會生活中的畸形人。生活中，我們常常見到有些奮力追求優越感的孩子，完全不顧及別人的感受、敵視別人、違反社會規範，當他們若發現一個祕密可以害人，他們絕對會毫不遲疑地拿來利用。

不過，即使是在那些行為惡劣備受指責的孩子身上，我們也能發現一種明顯的性格特徵：他們知道自己是社會中的一分子。這些孩子的行為愈是偏離共同合作的想法，我們愈是難以從他們身上發現社群情懷。但是，我們必須要設法找出某種表達的形式能將他們隱藏的自卑感揭露出來。

## 自卑的表現

自卑感的表達方式有很多，孩子的眼神只是其中一種。眼睛這一器官不僅僅可以用來感知光線、探測環境，還能滿足社會交流的需要，一個人看向對方的眼神就能顯示出他與對方的親密程度，這也是心理學家和作家都非常重視眼神的原因。眼睛是心靈之窗，我們可以根據別人打量自己的方式來判斷他對自己的看法，儘管有時會出現誤差，但從一個孩子的眼神來判斷他是否友善還是一件比較容易的事。

眾所周知，那些不敢直視大人眼睛的孩子都心存疑慮，但這並不代表他們品德缺失，或者沾染了什麼不良習性。他們迴避的眼神只是表明不想與別人接觸，哪怕只是短暫的一會兒，這也顯示了這類孩子並不合群。當你招呼一個孩子過來時，他靠近你的距離也是類似眼神迴避的信號。許多孩子會先保持一段距離，觀察一下情況如何，然後決定在必要的時候才接近你。他們對親密關係始終保持疑慮，這可能是因為曾經有過不愉快的相關經歷，因此便將自己片面的認識普遍應用到生活之中。還有一種有趣的現象是，一些孩子喜歡將身體靠近自己的父母或教師。對他來說，自己更樂意靠近的人遠比他所宣稱最愛的人來得重要。

有些孩子走路時昂首挺胸，而且聲音明亮、落落大方。這無不顯示出他們卓著的信心和勇氣。而有些孩子在和別人說話時表現得唯唯諾諾、膽怯退縮，其實是他們的自卑感的顯現，他們無力應對這種處境而感到惶恐不安。

在探討自卑情結時，經常有人會持有「自卑情結是與生俱來」的觀點。其實，不管小孩有多麼堅強勇敢，我們都有辦法能使他變得膽小怯懦，勇氣盡失。這一事實就反駁了上述所謂自卑是與生俱來的觀點。父母的性格中如果有膽小怯懦的特點，那麼孩子很可能也是如此，但這並非出於遺傳，更大的可能是他們受家中父母怯懦的影響。家庭環境和父母性格對孩子的成長和發展意義重大。那些在學校表現孤立、不合群的孩子，他們的家庭成員也都不大與人交往，這自然會讓人聯想到是性格的遺傳在作祟，其實不然。一個人無法和別人進行正常交流，並不能歸因為人體的大腦或者器官的物理變化，然而這方面的變化雖非必然造成孩子落落寡合的性格，但卻有助於我們了解這個特徵的孩子。

我們可以透過一個簡單的案例來理解這種事情。一個小男孩生下來就有器官缺陷，曾長期身染疾病，深受病痛的折磨。這個孩子因此沉溺於自己的心事之中，覺得自己生活在一個充滿敵意和冷漠的世界裡。此外，身體孱弱的孩子必須依賴別人的悉心照顧才得以生存。正是由於這種依附關係，使孩子產生了一種強烈的自卑感。而且，孩子和成人之間的確有著身體與力量上的巨大差異，孩子經常聽到的言論就是「孩子只該被看顧，不應該被傾聽」，這種觀點更加強化了他們的自卑感。

所有這些生活成見都促使兒童認為，他的確處於弱勢地位，他無法接受自己比成人身材矮小、力量薄弱的事實。他越是在意自己處於弱勢地位的事實，他就越想擺脫這種處境，努力去彌補不足。他追求別人的認可，從而又成了一份額外的動力，不過，他卻並沒有和周圍的人和諧相處，而是自己定下了這樣的待人處事原則——一切以自己的利益為主。獨立孤僻的孩子就屬於這一類。

一般來說，那些體弱多病、身患殘疾和相貌醜陋的孩子，自卑感會深深扎根在他們的內心，這種自卑感通常在兩種極端的方式中顯露出來：他們與人交談時，要麼退縮迴避，要麼咄咄逼人。這兩種表現看起來大相徑庭，但其根源卻如出一轍。他們言辭鋒利或閃爍，都是為了追求別人的關注和認可。他們幾乎沒有社群情懷，這是因為他們已經對生活絕望，並且認為自己沒有能力為社會做出貢獻；另一種可能是他們想將自己的社群情懷運用到個人目的之上，他們希望成為領導者和英雄人物，備受世人矚目。

一個孩子如果多年以來都是沿襲著錯誤的方向追逐目標和生活，我們就不能期望只透過一次談話就將他引入正途。**教育者需要具備足夠的耐心**。如果孩子在進步的路上出現了阻礙，那就應該向他闡明一個道理：成功不可能一蹴可幾。這樣的解釋能夠讓他安心，不至於灰心喪氣。如果孩子兩年來數學成績一直很差，那麼不必奢望他能在兩週內把成績變好，不容置疑地，他一定能彌補得上來。一個正常的孩子，簡言之，有信心勇氣的孩子，能夠彌補很多問題。**容我重申，一個孩子能力的欠缺是因為總體人格的發展走上了錯誤的道路，他的人格結構因此變得笨拙而失常。**

**正因為這些有問題行為的兒童擁有正常智力，所以幫助他們是有可能取得成果的。**

孩子能力欠缺，或表面上的愚蠢、笨拙、冷漠並不能充分證明他是智力有障礙。弱智兒童的大腦發育不正常且總是伴有身體上的缺陷，因為造成大腦發育不健全的腺體，也會影響其他身體器官的缺陷。有時，這些身體上的缺陷會隨著時間的消逝而消失，留下的只是它們在心理上造成傷害的痕跡。舉例來說，曾經因為體質孱弱而虛軟不堪的孩子，在他們恢復體力之後，依然會表現得相當虛弱。

我們可以進一步探討，孩子心理上的自卑感和自我意識的形成，是可能與身體缺陷或體質虛弱有關，但有時候也可能完全與之無關，而是來自於孩子的成長環境。例如，家長教育孩子時，缺乏慈愛或者管教太嚴，對孩子來說都是不恰當的。在這種環境中成長的孩子會覺得：生活就是一場苦難，他對周圍的環境也會保持敵對的態度。這樣說來，由家庭環境產生的心理缺陷和由身體問題引發的心理缺陷，即使不同，也很類似。

可以想像，要治癒那些在嚴厲苛刻的家庭環境中長大的孩子確實是一個難題。他們會以一貫的敵對態度看待我們，我們為督促他們學業進步的任何舉措都會被理解為對他們的壓制手段。他們總是感覺受到束縛，稍有機會就會反抗。對於夥伴，他們也不能保持一種平常的態度，因為他們會嫉妒那些曾經過得比他們幸福的孩子。

這些心懷怨恨的孩子通常會有一種想要破壞別人生活的陰暗性格。他們沒有足夠的勇氣去應對環境，因此，他們試圖透過欺壓弱小來補償他們的無力感。只有別人服從他們的控制時，他們的友好態度才得以持續，甚至只和比自己處境更弱的孩子交往，正如有些成年人尤其願意與那些遭遇不幸的人交往一樣。而有的兒童則偏愛與那些比他們更年幼、更貧窮的孩子來往，這類型的男孩有時願意與那些非常溫柔、順從的女孩在一起，這不是因為異性相吸，而是出於一種補償心理。

# 06

# 防止兒童出現自卑情結

影響兒童成長的決定性因素既不是天賦，也不是客觀環境，而是兒童對外在環境的評價，以及他們對自身與現實世界關係的看法。

## 兒童對外在環境的評價

當一個孩子花費了很長時間學習走路，而最終能夠正常行走時，這並不代表這個孩子以後生活一定會發展出自卑情結。但是，對於一個其他方面都發育正常的孩子來說，如果他總是感覺到行動受限，不能自由自在的活動，而一直不喜歡自身的狀況，就會形成悲觀的思想，那麼，即使影響他身體功能的缺陷隨著時間消失而消逝，悲觀的思想還是會主宰著他未來的行為。許多曾經身患佝僂的兒童，即便後來病症痊癒，這個疾病帶來的生理痕跡依然存在：O型腿、頭部畸形、行動笨拙、脊骨彎曲、膝蓋腫大、關節無力、體態不良等，這些兒童在患病期間形成的挫敗感和悲觀的人生態度會伴隨他們一生。

影響兒童成長的決定性因素既不是天賦，也不是客觀環境；而是兒童對外在環境的評價，以及他們對自身與現實世界關係的看法。孩子與生俱來的能力並不能決定一切，而且，我們從成人的角度對孩子處境給出的評價也不重要。關鍵在於，我們應該站在孩子的角度來評估他們的處境，以他們錯誤的判斷理解他們的情況。不要期望孩子會按照成人的判斷標準來行動，或期待他們永不出錯；而是要知道，孩子在理解自己的處境時會經常發生錯誤。因此，**那些相信孩子的性格特徵是與生俱來的人，就不應該從事教育孩子的工作**。

常言道，健康的心靈與健康的身體總是相伴而生的，其實未必如此。健康的心靈也可能寓於有缺陷的身體之中，只要他能鼓足勇氣面對生活的困難。相反的，如果一個孩子器官完好、身體健康，但他遭遇了不幸的經歷，並由此對自己的能力產生了錯誤看法，那麼，不健康的心理也會因此而生。這類孩子對困難異常敏感，而把任何一個挫敗都視為自己無能的證明。

有些孩子除了學習走路時會有困難，學習說話也會遇到障礙。孩子學習說話和學習走路經常同時進行。毋庸置疑，說話能力和行走能力之間毫無關聯，但家庭環境和家庭教育卻對這兩方面影響深遠。有些孩子本來沒有語言障礙，但由於家長忽視這方面的教育，他們便出現了說話障礙。生理發育正常但沒有器官缺陷的人，當然到了一定的年齡自然就能掌握了說話的能力。但有一些特殊情況，尤其是那些視力極為敏銳的孩子，說話時間可能會延後；還有一些其他情況，例如，父母對孩子過分寵愛，在孩子說話之前就得知了他們想要表達的意思，代替他們說了出來，這同樣會阻礙孩子發展說話的能力，這樣的孩子會經歷很長時間的牙牙學語，甚至他們一度被認為有聽力障礙。這種孩子一旦學會說話，他們就會非常樂於表達並且能言善道，有些甚至能夠成為演說家。音樂家舒曼的妻子克拉拉．舒曼，直到四歲還不會說話，八歲的時候，也只能說些隻言片語。她是一個特別古怪的孩子，性格內向，喜歡待在廚房消磨時光。我們可以由此推斷出她沒有獲得足夠的關注。她的父親說道：「令人驚奇的是，這孩子的兒童時期是如此明顯的精神異常不協調；想不到開啟的是和諧順遂的一生。」克拉拉．舒曼的情況就是一個過度補償的例子。

值得注意的是，聾啞兒童應該得到特殊的訓練與教育，因為越來越多事實證明完全聾啞的情況並不多見，無論孩子的聽覺存在多大的缺陷，他尚餘的聽覺能力都應該得到最大限度的開發。大衛．卡茨（David Katz）教授曾經用實例證明，那些被認為缺乏音樂聽覺的人，經他開發訓練，將他們引入了能夠全面欣賞音樂和聲音的道路上。

通常情況下，當孩子的大部分科目都比較優秀，但只是某一個科目——通常是數學——成績不盡如人意時，他們的智力就會遭到懷疑。那些算術不好的孩子，一旦被這一學科困住，就不再願意在這方面繼續努力。但在一些家庭中，尤其是藝術世家，他們往往以不懂計算為榮。除此之外，還有一種普遍的謬論認為，男孩比女孩更擅長數學，但事實並非如此。我們發現，許多女性都成了優秀的數學家和統計學專家。女孩聽到人們常說的論調就是「男孩比女孩更精於計算」，她們聽到這種話自然會對數學失去信心。不過，孩子會不會計算是一個重要指標，因為數學是少數能夠帶給人們安全感的知識之一。數學是一種思考—操作的學科，可以把我們周遭的混亂用數字安定下來。具有強烈不安的人，往往不擅長算數。

還有一些學科同樣帶給人安全感：寫作，通常能把存在於內心的聲音與意識寫在紙上表述出來，以此給予作者一種安全感；繪畫，則是能用線條和色彩將轉瞬即逝的光學印象保留在畫卷上；體操和舞蹈能代表著一種身體的安全感，而且由於這種對身體有把握的控制，也提供了一種精神上的安全感，這也許就是很多教育者熱心運動的原因吧！

如果孩子在學習游泳方面有障礙，這往往是孩子自卑感的跡象。如果孩子能夠輕易地克服學習游泳的困難，那麼這也是他克服其他困難的一個好兆頭。但如果孩子在學習游泳時遇到了很大的障礙，就意味著他對自己和游泳教練都沒有信心。值得注意的是，很多剛開始學習游泳很吃力的孩子，最終都成了游泳健將。這些孩子對最初學習游泳時所遇到的困難耿耿於懷，可是當他們一旦學會游泳，便自覺受到鼓舞，在游泳方面極力追求盡善盡美，也因此成了這方面的佼佼者。

## 忽視與寵溺

一般來說，孩子通常最依賴自己的母親，否則就會和家庭中的另一個成員建立親密連結。每個小孩都具備這種依賴能力，除非他有智力障礙。如果一個孩子由他的母親撫養長大，但卻和家庭裡的另一個成員更加親近，那麼我們就應該好好找找原因了。很明顯，任何孩子都不應該把自己的全部興趣和注意力都放在母親一個人身上，母親的責任就是將孩子的興趣和信任擴展到其他人。通常，祖父母在孩子的成長中扮演著溺愛孩子的角色，這是因為祖父母怕自己老了，沒用了，因而產生一種強烈的自卑感，結果就導致了他們要麼吹毛求疵，要麼心軟善良。他們往往不會拒絕孩子們的請求，因為他們想在孩子心裡占有一席之地。那些在祖父母家中生活過的孩子不願意回到家裡，因為他們在祖父母家備受寵愛與縱容，他們不願再忍受家中嚴苛的紀律和約束，這些孩子回到家之後就會埋怨自己家裡沒有祖父母家舒服。我們在這強調祖父母在孩子成長環境中扮演的角色，目的是在研究某一特定類型的孩子時，能夠結合考慮這些因素。

如果一個身患佝僂病症的孩子在接受長時間的治療之後，孩子因佝僂病而引起的行動笨拙的情況（參見「附錄一：個體心理問卷」的第二個問題）依然沒有好轉，那麼很有可能是他在病中被太過寵愛、關照太多的緣故。母親們要學習教育的智慧，即使是需要特殊照顧的孩子，也不能抹殺他們的獨立性。

孩子是否製造了太多的麻煩（參見「附錄一：個體心理問卷」的第三個問題）是另一個重要的問題。如果事實如此，那我們就能夠肯定是母親溺愛孩子了，她沒有培養孩子的獨立性。孩子通常會在睡覺、起床、吃飯或洗澡的時候表現出製造麻煩的跡象，例如，做噩夢或者尿床。孩子所有製造麻煩的這些行為只是為了得到某個人的注意力，甚至可以說孩子不斷地製造麻煩，只是在尋找控制家人的武器。如果孩子有類似的表現，那麼毋庸置疑，這個孩子的成長環境存在著問題，此時的懲罰是沒有效果的，這些孩子甚至會故意招惹父母來懲罰他們，以此證明他們不懼怕懲罰。

兒童的智力發展程度也是一個重要的問題，目前要正確回答仍然具有一定的難度。有時人們會比照「比奈－西蒙量表」（Binet-Simon Scale）來測試智力，但測試的結果並不總是可靠的。其他的智力測驗也是如此，兒童的智力是會發展變化的。一般來說，兒童的智力發展很大程度上是由家庭環境決定。良好的家庭環境能給孩子提供在身體和智力發展上的幫助，一般身體發育良好的孩子通常在精神上也能得到較好的發展。不幸的是，那些精神發展順利的兒童往往會被預先安排從事腦力勞動或對素質有高度要求的職業；而那些精神發展遲緩的孩子則會被安排到體力勞動的職位上。有些國家為那些智力或精神發育緩慢的兒童設立專門的班級，我們可以發現，這些學生往往來自貧困家庭。由此可知，如果那些出生在貧困家庭的孩子能夠擁有較好的物質條件，那麼，他們也能夠有一定的成就。

## 社交中角色扮演

一個值得關注的問題就是，兒童是否會因為受到別人的取笑而變得灰心喪氣。一些孩子能夠消解別人的嘲笑所帶來的煩惱；而另一些孩子卻很可能因此喪失勇氣，後面這類孩子會迴避困難，把精力放在一些浮於表面的事情上。如果一個孩子擔心自己如果不主動出擊就會遭受傷害，和別人相處時總是愛吵架，那就表明他對所處的環境充滿敵意。他覺得聽話、順從是卑下屈辱的表現，按照他的理解，有禮貌地回應別人的問候也是屈辱的行為，因此他總是表現得傲慢無禮；他也從來不在人前抱怨，因為他把別人的同情視為奇恥大辱。他從來沒有在人前落淚過，甚至在本該哭泣的時候大笑起來，因此給人一種缺乏感情的冷酷印象，事實上，這正是他脆弱的表現。任何一種冷酷的行為背後都藏匿著祕密弱點。真正強大的人是不會冷酷的。這些反抗心極強的孩子經常不修邊幅，他們習慣性地咬指甲、挖鼻孔、頑固不化。其實他們需要得到鼓勵，我們應該明白，在這些不雅的舉止背後隱藏著他們的恐懼——害怕表現出脆弱的一面。

「附錄一：個體心理問卷」的第四個問題就是，孩子能否和別人友好相處，他在社會交往中扮演的是領導者還是追隨者的角色。這個問題和孩子的社群情懷發展程度或是否擁有信心相關，更與他是偏向於順從還是征服的欲望有關。如果孩子喜歡獨處，這就表明他在競爭關係中對自己沒有足夠的信心，他對優越感的追求過於強烈，他害怕和夥伴在一起時會淪為配角。有收集物品愛好的孩子，其實是在顯示他們想增強自己的能力，超越別人。這種孩子處於危險的邊緣，這種想要超越別人的想法很容易發展過頭，使他們變得野心膨脹、貪婪無度。如果感覺自己被人忽視，就很容易做出偷盜的行為，因為他們比一般孩子更加敏感，更加在意別人是否關注他們。

「附錄一：個體心理問卷」的第五個問題涉及了解孩子對學校的態度。我們應該留意孩子在上學時是否表現得拖拉反感，對上學這件事是否表現得情緒激動（這樣的激動通常是拒絕上學的標誌）。孩子對學校的恐懼害怕會以多種形式表現出來。當他們有家庭作業要做時，他們就會表現得容易生氣憤怒，還會神經緊張，因此產生心悸。有些孩子甚至會在器官上有變化，如性興奮。我們從不贊成給兒童打分數的這套系統，如果學校沒有這套用分數來分類的方法，孩子們就能卸下心中的重擔了。因為，如果學校只變成一個考試測驗的場所，那麼追求高分永遠是最重要的，而拿到低分的人就好像終生受到評斷。

孩子的功課是主動、自願完成的，還是在家長的強迫下完成的？忘記做學校的功課表明他有逃避責任的傾向。孩子功課不好或者在做功課時表現得異常煩躁，都是孩子逃避上學的典型表現，因為他對其他事情更有興趣。

孩子是否懶惰？如果一個孩子在學校裡成績遠落後於別的孩子，那麼他寧可被認為是懶惰，而不是無能或者沒有天賦。正如我們上面講到的，一個懶惰的孩子一旦小有成就，就會得到讚美，並聽到這樣的評價：「如果他不懶惰，沒有什麼事是他做不到的。」孩子對這一說法感到心滿意足，因為聽到這種言論，他覺得自己不再需要證明自己的能力與天賦了。這種類型的孩子還有以下負面特徵：缺乏勇氣、精神不振、三心二意、缺乏獨立性。還有那些擾亂課堂秩序以吸引別人關注、嘩眾取寵的孩子也屬於這個類型。

孩子對教師保持怎樣的態度？這並不是一個容易回答的問題。孩子一般會隱藏對教師的真實感情。如果一個孩子總是喜歡批評並羞辱自己的同學，我們就可以認為孩子刻意貶損別人的行為其實是一種缺乏自信的表現。這類孩子傲氣凌人、挑剔自大，常常自以為是，他們實際上是用這種方式將自己的弱點遮掩起來。

最難應付的是那些無動於衷、消極冷漠、總是處於被動狀態的孩子。他們戴上面具，將自己的在乎遮掩起來。這種孩子一旦失去對自我情緒的控制就會勃然大怒，甚至會採取自殺手段。他們從來不會主動做事，只完成被要求去做的事情。他們沒有足夠的勇氣去面對困難，他們害怕失敗，總是高估別人，低估自己，因此他們需要得到鼓勵。

其實，那些在體育項目上大展身手的孩子往往也想在其他領域一展風采，他們不去做只是害怕失敗罷了；那些喜歡讀書、閱讀量遠遠超過一般兒童的孩子往往缺乏勇氣，他們希望透過閱讀贏取力量。這樣的兒童雖然想像力豐富，但是卻不敢面對現實。此外，觀察孩子喜歡的書的類型也很重要，小說、童話、傳記、遊記還有客觀的科學作品都是很好的閱讀題材。處於青春期的孩子很容易被色情題材的圖書吸引。為了抗衡那些對孩子有害的影響，我們可以採取以下手段：幫助孩子為成年人的角色做準備，對孩子進行早期性啟蒙教育，父母與孩子建立起友好關係。

附錄一的第六個問題涉及家庭的情況，即家庭成員是否患有疾病，例如，酒精中毒、精神官能症、肺結核、梅毒、癲癇等，詳細了解孩子的身體發展狀況也非常重要。當孩子用嘴巴呼吸時，常常帶有一副傻樣，這很可能是鼻息肉和扁桃腺肥大造成的，它影響了孩子的正常呼吸。在這種情況下，非常有必要去動手術消除呼吸的障礙。相信手術能夠幫助他，會讓他獲得應付學業的勇氣。

家庭中有成員生病會妨礙孩子的健康成長。患有慢性病的父母往往會給孩子帶來嚴重的心理負擔。在可能的情況下，盡量不要讓孩子知道家中有精神失常患者，如果家庭中有精神失常患者，這種疾病會給整個家庭帶來陰霾。人們迷信地認為精神失常這種疾病是會遺傳的，就如同迷信肺病和癌症也會遺傳。所有這些病患都會給孩子帶來難以平復的負面影響，有時候，讓小孩遠離家中這種氣氛是比較好的。

家庭中慢性酒精中毒和犯罪傾向，就像有害毒素，孩子很容易被浸染，對於毒素無力抵擋。然而，為此要把小孩安置到適當地點的這種做法也有難度。癲癇病患者經常表現得暴躁易怒，從而破壞了家庭的和諧。最嚴重的疾病是梅毒；身患梅毒的孩子一般身體都很虛弱，他們遺傳了這一疾病，難以應付生活中的瑣事，常常對生活表現出悲觀態度。

不能忽視的事實是，家庭的物質條件會影響孩子的人生觀。相對於家境優渥的孩子，那些出身貧困的孩子會有一種匱乏不足的感覺；原本生活在物質相對富足的家庭中的孩子，一旦家道中落，失去往日的舒適，往往難以應付生活。如果祖父母的家境比父母要好，那種失落感就會加深，就像英國畫家彼特·金特擺脫不掉這樣一種痛苦的困惑：他的祖父權勢顯赫，能力非凡。而他的父親卻默默無聞，一事無成。這時孩子就會變得異常勤奮，這一行為也是孩子抵抗父親懶惰的一種表現。

如果孩子初次接觸死亡的時刻過於突然，那麼將會給他們留下一生也難以磨滅的震撼。一個對死亡毫無所知的孩子忽然面對死亡，他會詫異於生命終會有走到盡頭的時候。這個事實可能讓他們變得灰心喪氣或膽小怯懦起來。我們能夠從醫生的人物傳記那裡了解，很多醫生決定從事這一職業的契機，大多是因為他們過早地接觸了突如其來的死亡，這也從一個側面證明了死亡對人的影響有多大。因此，避免讓孩子與死亡不期而遇是正確的，因為他們還沒有明白死亡究竟是怎麼回事。孤兒或繼子通常會把他們的不幸歸咎於父母的死亡。

接下來，了解家庭由誰作主也很重要。通常是由父親來作主，若由母親或繼母當家時，結果都會有些問題，父親因此會失去小孩的尊敬。那些來自家中由母親作主的男孩，對於女性，常有揮之不去的恐懼。長大後，他們有的會對女性避之唯恐不及，有的則會讓家中女性成員不好過。

我們還需要了解父母對孩子教育的嚴寬程度。個體心理學不主張採取太過嚴厲或是太過溫和的方法教育孩子。正確的做法是：**理解孩子的觀點，使他們形成正確的價值觀，鼓勵他們勇敢地面對問題和解決問題，並培養孩子的社群情懷**。如果父母對孩子過於嚴厲，只會給孩子造成傷害，使他們完全喪失鬥志；如果父母溺愛孩子，就會助長他們依賴別人的習性，加強他們的依賴心理。因此，父母既不應該用浪漫美化現實，也不應該用悲觀的詞語來形容這個世界，他們的職責就是幫助孩子做好面對未來的準備，能夠從容地照顧好自己。那些沒有接受過預備教育的孩子，在遇到困難時只會一味地退縮，從而使自己的生活範圍越來越小。

我們還應該知道管教孩子的人是誰，這個人可以不是孩子的母親，但必須由熟悉且擅長管教的人擔任。教育孩子最好的方式就是在合理的範圍之內讓他們從實踐中學習，如此一來，孩子的行為就不再是受別人強迫和限制的結果，而是遵循了客觀事實之間的邏輯。

附錄一問題七涉及孩子在家庭中所處的位置。孩子在家庭中的地位對孩子的性格發展意義重大。家中的獨生子女往往都處於一個比較特殊的位置，只有兄弟的獨生女和只有姊妹的獨生子在家庭中的地位也同樣特殊。

附錄一問題八如何看待孩子職業的選擇，這同樣是一個特別重要的問題，因為它會顯示環境對孩子的影響，從這一問題我們可以看出兒童的勇氣和社群情懷的發展程度及他們的生活節奏。

孩子的幻想（附錄一問題九）以及童年記憶（附錄一問題十）一樣富有意義。那些能夠理解孩子童年記憶的人，通常能夠發掘出孩子的整個生命風格。夢境也能顯示出孩子的發展方向，顯示出他們在遇到困難時是努力解決問題，還是逃避問題。我們還應該了解孩子是否有語言障礙，是相貌醜陋還是相貌英俊，是身材優美還是身材不好。（附錄一問題十三）

附錄一問題十四涉及孩子是否公開談論自己的情況。有些孩子個性張揚，喜歡吹噓自己，以補償他們的自卑感。有些孩子則少言寡語，很少談論自己，因為他們害怕自己處於弱勢，暴露自己的缺點，因此遭受新的傷害。

附錄一問題十五探討如果一個孩子在某一科目，比如音樂或繪畫獲得成就，我們應該藉此鼓勵他們在其他領域也多加嘗試。

如果孩子到了十五歲的時候依然沒有明確的人生目標，那麼我們就可以認為，他們對自己沒有信心，我們應該給予他們適時的幫助。除此之外，我們還應該關注孩子家庭成員的職業，還有其兄弟姊妹的社會地位的差異以及父母對婚姻的滿意度。教師的職責就是謹慎行事，切實了解孩子的周邊情況，教師可以透過問卷調查的辦法來了解他們的情況，並據此對他們行為上的誤差進行矯正。

# 07

# 社群情懷的養成

在社會生活中，人的能力和成就的發展走向，都是以社群情懷為基準，社群情懷直接影響人的思維邏輯和語言能力的發展。嬰幼兒和接受教育的兒童時期是心理和生理的成長階段，也是人生中最需要保護的階段，是促進和培養社群情懷的最佳時機。

# 兒童對社群情懷的心理訴求

不同於我們在之前幾章所討論的追求優越感的案例，我們在許多兒童和成人身上也會發現這樣一種心理訴求——他們想將自己和別人連結起來，並與別人建立一種合作關係，切實履行自己的職責，然後使自己成為一個對社會有用的人。對於這一現象，我們可以用「社群情懷」這一術語加以概括。那麼，社群情懷的根源是什麼？對於這一問題，人們眾說紛紜，頗有爭議，但是根據本人迄今為止的發現，社群情懷是一種現象和人的概念有著密不可分的關聯。

我們也許會好奇，社群情懷是否比人對優越感的追求更加接近人的天性。我認為，這兩種心理在本質上是相同的，社群情懷意識和追求優越感，都是建立在人性的基礎上，兩者都是出於尋求別人肯定的欲望，但這兩種表現採用的形式不同，這是因為人們對人性本來就持有兩種不同的假設之故。追求個人優越感涉及的假設是個體不依賴群體，而社群情懷意識的人性假設則是，個體在一定程度上需要依賴群體和社會。以人性的觀點來看，毫無疑問，社群情懷更勝於追求優越感。社群情懷是一種更為合理，在邏輯上也更能成為核心觀點。雖然在個人生活中更常看到的是追求優越感的這種心理現象，但相形之下，它是一種較膚淺的看法。

如果想知道社群情懷是否合乎真理和邏輯，我們只需要鑽研人類歷史的發展就會發現，人們總是喜歡以群居的形式生活在一起。這一事實有著合理的解釋，因為任何一種力量薄弱的動物都會相互聚集來取暖以求自保。如果將人和獅子做比較，我們就能夠知道，人類的生存飽受威脅。和人類相比，那些體形上占優勢的動物，牠們擁有更強大的力量，大自然賦予了牠們更良好的身體武裝，以便攻擊和防禦。達爾文觀察到，那些沒有大自然賦予防禦武器的動物總是群體出沒。比如，那些身強體壯的猩猩一般都是和配偶獨居，而猿類家族中那些力量薄弱的成員，則總是以群居的方式生活在一起。正如達爾文所闡述的，因為大自然沒有賦予這些動物尖牙利爪和翅膀等，所以牠們補償之道便是組成團體一起生活。

組成團體不僅可以彌補某種動物作為個體所缺乏的能力，還能使牠們發現保護自己的新方法，這種方法可以改善牠們的處境，使牠們處於一個相對安全的環境中。例如，有些群居的猴群會派出一隻猴子在前方偵查路段，查看前方是否安全。

牠們使用這種方法凝聚集體力量，以充分彌補團體中單一成員能力的不足。我們也會發現，牛群習慣集結成圓形的防禦圈以抵抗某個兇猛有力的敵人。

研究這類問題的動物學家指出，在這種動物群體中，我們經常會發現類似人類法律的制度安排。比如，負責偵察情況的動物有自己特定的生活規則，牠們稍有差錯都會受到整個群體的嚴厲懲罰。

在歷史學上，人類最初的律法跟部落裡的這種「偵察者」有很多相關，那麼我們就能對群體生活的發明有一個概念了。這群體生活的發想來自於一群體力相對薄弱的個體動物，從而逐漸形成了集體意識來藉此保護自己。所以社群情懷與個人能力、力量息息相關。**對於人而言，嬰幼兒和接受教育的兒童時期是心理和生理的成長階段，也是人生中最需要保護的階段，是促進和培養社群情懷的最佳時機。**

對比動物界，人類作為智慧生物所需要的生命孕育時間相當長，從出生到發育成熟需要的時間是生物中最長的。嬰兒剛出生時大腦發育不成熟，到學會走路需要一到兩年的時間，相對於其他哺乳動物更需要父母的保護，這種保護不只是表現在身體發育上，從兒童到成長為一個獨立自主的個體還需要數十年的社會學習，所以需要保護的時間也最長，而保護也是必需，否則人類將面臨滅絕的威脅。我們可以把兒童學習的期間，視為將教育與社群情懷連結在一起的階段，而兒童在這個需受保護的脆弱時期，因發育不成熟，使教育更顯得非常重要。事實上，只有社會群體可以克服兒童的不成熟，這也證明了教育的目的，所以教育務必具有其社會性。

在社會生活中，人的能力和成就的發展走向都是以社群情懷為基準。對的之所以是對的，是因為社會群體認為它們有著積極的意義；而錯的之所以是錯的，是因為它們在社會中引起了不利的影響。現實中，對社會大群體有益的作為總是會受到大眾的讚美；而不利的事物勢必遭到社會的唾棄，而這也恰恰表明了社會群體思想在我們教育過程中的重要性。

# 社群情懷直接影響邏輯和語言能力

人類語言的發展歷程說明人與人之間離不開交流，而群居也是產生語言的必要元素。假如語言沒有誕生，原始人類以個體的方式獨處，那就不會對語言產生需要和興趣。同樣的，孩子如果只會獨處，缺乏對生活和社會的參與，那麼最後不只是生活環境的相對封閉，在心理上也會造成封閉，語言能力絕對比正常人薄弱，發展也相對遲緩，只有回到群體中才能恢復正常。

我們普遍認為比較會表達自己的孩子是具有較佳的語言天賦，其實不然。有些孩子不擅於發言或使用語言和人溝通，其實只是缺乏社群情懷所致。

有一部分孩子會出現這種問題的原因是被溺愛。父母在各方面都安排妥當的行為，減少了孩子提出問題、交流的需求，簡單一個音甚至一個動作就能滿足自己想要表達的意願，孩子就沒有交流的必要。父母間接地削減了孩子接觸事物的機會，使孩子的社會調適能力漸漸變得薄弱。

還有些兒童不願意說話，究其原因，他們的父母從不允許他們把一句話完整的講完或不讓他們用言語表達自己；另外有些兒童被蔑視或嘲笑，從而失去信心。**像這些不斷地批評和嘮叨是非常不好的兒童教育方式，嚴重的話，會導致兒童長年感到屈辱與自卑**。有一種人習慣一開口就說「不過，不要嘲笑我喔……」，我們常聽到這種說詞，也能馬上意識到他們一定在兒童時期飽受訕笑。

另外有一種情況，兒童具有聽和說的能力，不過他的父母卻都是聾啞人士。這類兒童受傷時是不會以哭出聲音來表達，重要的是讓其父母看到他傷心難過，哭出聲音來表達難受是毫無用處的。

在沒有社群情懷下，無法想像人類能夠發展其他能力，諸如：理解力或邏輯思考力。一個完全獨居的人是不需要邏輯的，或者需要的程度不多於任何動物；而常常保持與他人互動的人，則一定需要利用語言、邏輯和常識來和人溝通，他因此需要發展社群情懷或者是擁有社群情懷——這是所有邏輯思考的終極目標。

有些人的行為在大眾看起來是不理智的，但在行為者本身看來並沒有什麼問題，這種情況往往發生在總以為別人也像他們一樣思考問題的人身上，這說明社群情懷因素和常識在行為判斷上是非常重要的。我們生活在結構錯綜複雜的社會，難免會遇到各式各樣的問題，所以常識顯得非常重要。而處在原始水準階段或者比較落後的民族，因為他們沒有遇到現在社會中這麼多的生活問題，所以社群情感以及常識都不相同。

社群情懷直接影響人的思維邏輯和語言能力的發展，邏輯和語言是人類作為智慧生物的主要表現。人們在處理問題的時候必須考慮自己所生活的社會環境，用對方不能理解的語言進行交流，必然做不成任何事情。社群情懷給人帶來安全感，這種安全感支撐著人在當前的社會中順利地生活。社群情懷或許與邏輯思考和生存真理帶來的信任感不同，但卻是信任感的主要成分。

舉個例子，為什麼我們對數學演算的結果能深具信心，彷彿我們認為在數字裡一定有正確無誤的真理？這是因為透過精確的數字，讓我們容易與人溝通，而且也使大家更易於共事。對於無法用來溝通或分享的事物，我們無法對其保有信心。柏拉圖對數學的真理堅信不移，他試著將哲學建構在數學上。柏拉圖要哲學家回到「洞穴」，簡言之，就是要哲學家回到群體中和大家生活一起。從這個事實，讓我們看到社群情懷的連結更緊密了。按照柏拉圖的觀點，假如哲學家沒有源於社群情懷的安全感，那他們也無法在社會中生活。

對於欠缺安全感的兒童在和別人合作或者自己去做一件事時，就會很容易暴露出他們在這方面存在的問題。比如這類孩子在學習上表現出偏愛某科，對於需要邏輯思考和客觀分析的學科比如物理、數學，他們則表現得力不從心。

對於道德感、倫理規則這些主要觀念在兒時都以比較片面的方式接觸到。對獨居的人而言，他們無法理解倫理觀念，覺得這沒有任何意義，只有生活在群體中去考慮社會和別人的權益時，才會出現道德的觀念，道德才有存在的意義，但是，像是在藝術和審美上，這個觀念卻很難成立。然而，在藝術的世界裡，我們還是可以看到具有普遍性、一致性的表現，而這些表現源自於健康、力量、正確的社群發展等。若只考慮藝術，是有比較彈性的界限，有比較多空間容許個人品味的不同。但整體上來說，審美眼光還是會遵照著社群的標準走。

要確定兒童社群情懷的發展情況，只能透過觀察他行為表現的方式來完成。當看到一個孩子特別愛表現自己，為了突出自己不顧及別人的想法時，那基本可以肯定相較其他沒那麼愛表現的孩子，他較缺乏社群情懷。在現實文化中，這種情況卻是相當常見的，大部分兒童都會表現出追求優越的性格，因為人性如此。人們往往都以自我為中心，對別人的顧及永遠比對自己的考慮要少，所以個體的社群情懷基本不會得到充分發展。對於這種本性，道德家雖然一直加以抨擊，但總是以說教的形式呈現，對兒童和成人往往都沒有效果。

對於一個思想混亂、有著犯罪傾向的孩子，對其加以長篇大論的道德說教，肯定不會有成效。應該究其心理形成的根本原因，不能以居高臨下的姿態對他進行批判，而是應該以作為朋友的角度去教育和影響他，從而逐漸根除相關方面的有害心理因素。

## 家庭環境影響孩子的性格和成就

如果我們不斷地告訴兒童，說他很壞、很笨，很快地他會相信我們說的話，然後自此就沒有足夠的勇氣去面對解和決任何困難了。接踵而來的是，無論去做什麼事，他都會失敗，結果更加深他認為自己很笨的想法。他不知道是環境摧毀了自己的自信心，潛意識地坐實別人對他的錯誤看法。孩子因此認為自己能力不及別人，自覺能力和機會都受到限制。不消說，他的態度就會顯示出他沮喪的心境。在這不友善的環境裡，他所受到的壓力與沮喪的心境成正比。

在個體心理學中，可以看出這樣的觀點：環境所產生的壞影響最終導致孩子犯下錯誤。**就像父母把孩子的生活處處照顧得很周到，這個孩子往往就會很懶散；父母經常因為小事喝斥孩子，這個孩子往往就會撒謊成性**，而且這些家長發現孩子說謊的毛病之後，對他們的言語更加苛刻強硬，結果只會適得其反。而動不動就對孩子大加誇讚的家庭，孩子長大後往往稍微做點什麼就覺得自己很了不起，無法完全地做好一件事情。在追求優越感的過程中，他會因此不斷地尋求來自家庭成員的讚賞。

每個孩子或多或少被父母忽視或誤解，每個有手足的孩子情況也不盡相同。家中的第一位孩子有著獨特的地位，他們有一段時間是家中唯一的孩子，這個經驗是次子不會有的。然而最年幼的孩子所經歷的種種也是其他手足無法知道的，因為在家中，他是最小的、曾經最弱的孩子。

有時情況還會增加一點變化，當有兩位兄弟或姊妹一起成長時，年紀大的自然是較有能力，可以克服某些因年紀小而無法做到的困難，像這樣的兩個小孩，年紀小的一位會感覺到他處於較不利的地位，為了彌補這個自卑感，他會更加努力以超越兄姊。

對兒童有長期研究的心理學家通常可以判定孩子在家中的排行。家裡年長的孩子所達到的成就直接激勵著年幼的孩子去追趕自己的哥哥姊姊，這種環境裡有著各種可以刺激他向哥哥姊姊看齊的動力元素。所以，在家庭中年齡小的孩子往往會比年齡大的孩子更加勤奮和努力，而如果年齡大的孩子處處發展得比較緩慢，那幼子也就不會有那麼強烈的競爭心理。

因此，孩子在家庭裡的位置對他的影響非常大，所以，如果我們要完全了解孩子，就要知道他在家中的排行。幼子通常也會攜帶他們做為幼子的性格特徵和行為，雖然情況總有例外，但是有一個相當普遍的現象：幼子往往會產生想超越其他人的心理，這種競爭的心態督促著他們更加努力，不敢停歇，只有達到或超越哥哥姊姊的水準才能給自己帶來滿足，少做了一點就覺得自己輸掉了什麼。這些觀察很重要，因為我們可以從中研究出針對孩子的教育方法，比如對不同的孩子要有不同的培養方法。當使用統一的標準對孩子分類時，我們不能忘了他們都是不同的個體，注重個體的觀念在學校比較不容易做到，但在家中則比較輕易做到。

最年幼的兒童總是想要成為萬眾矚目的焦點，而且在大多時候，他們也總能如願以償。然而，有一種普遍看法是認為心理性格與遺傳有關，所以從這類型兒童得到的觀察，或許能推翻這種遺傳學的說法。而且如果能得知更多不同家庭的年幼兒童都有相似情況的時候，就會更容不下心理性格是遺傳的這樣看法。但也有一些幼子在成長中表現出另一種極端，他們面對優秀的哥哥姊姊時會感覺努力無望，從而處處消極，缺乏自信。在心理學中出現這兩種差異也是可以理解，因為一個內心非常渴望超越別人的人，在遇到困難的時候會更加容易受傷；在遇到困難的時候，比起志向沒那麼大的人來說，這類型的兒童往往更容易退縮。以拉丁文裡的諺語來比喻這兩種類型的人「不為凱撒，寧為虛無」，簡言之，「不是全有，就是全無」這樣的兩極化。

在聖經裡，有許多相當精采的故事，諸如：約瑟、大衛、掃羅的事蹟，這些都是家中最年幼的兒童，從他們的例子描述中，足以看出和我們上述分析是一致的。或許有人會反駁說約瑟不是家中最年幼的，他還有一個弟弟便雅憫。不過當便雅憫出生時，約瑟已經十七歲了，也就是說，約瑟年幼時期有一大段時間是家中最小的孩子。我們常看到最年幼的孩子支撐著家庭，不僅在聖經，在一些童話故事裡也有類似的描述。無論在德國、俄羅斯、斯堪地那維亞或者是中國，所有的故事都是由最年幼的孩子超越年長的手足成為征服者。實在不能說這些都是巧合而已，究其原因，可能是比起今日，以前幼子的角色是優秀太多了，而在更早期原始的生活中，更容易觀察出這種類型的兒童。

## 家中第一個孩子的共同性

孩子在家庭中的位置決定了他之後的性格特點，幼子會出現兩個極端，而長子們的性格也有很多相似之處，從中也可以劃分為幾個主類。

我曾經下了很大工夫去研究關於長子的一些問題，但一直沒有有效進展，直到一天偶然地看了馮塔內*的自傳。書中有一段講述他的父親，他的父親是一個法國移民，曾參加波蘭和俄羅斯的戰役，後來每每讀到有關戰役的描述，如波蘭的一萬名士兵打敗了五萬名俄羅斯人的時候，總是顯得很興奮，臉上表現出很幸福的樣子。而馮塔內對此很不理解，他認為俄軍肯定比波蘭軍隊強大，如果不是如此，那他無法感到愉快，因為他覺得強者應該永遠是強者。從這裡可以推斷出馮塔內是長子的結論，因為他表現出了長子類型的獨有特徵。馮塔內在回憶中講到，在他還是家裡獨子的時候，是多麼的受到關注，享有多麼大的權利，後來有了弟弟妹妹之後

*特奧多爾·馮塔內（Theodor Fontane，一八一九—一八九八）：德國批判現實主義小說家、詩人。

這些都消失了，他感到很不公平。研究中會發現長子的性格特徵，通常他們相對保守、崇尚專制和權利、認可規則的局限，對權位表現出發自內心的癡迷。長子嚮往曾經享有的「王位」特權，因為曾經失去過，所以表現出對權利的嚮往和追求。

如同前面講述的幼子的兩種類型一樣，長子的特徵有時也不完全一致。有這樣一個案例，一個有兩個孩子的家庭，自從妹妹出生後，哥哥就一直處於被忽視的地位，這個兒童的悲劇角色由於妹妹的年輕和聰明，變得無所適從和灰心喪氣。

處於困境中的長子的情況並不少見，從當今文化的觀察中，我們可以給出合理的解釋。男尊女卑的世俗觀念多多少少影響著當代人的認知，男孩一般更受歡迎，而長子一般都備受家長的寵愛，被寄予的期望也更高。長子在家庭中一直處於有利地位，但是有一天妹妹出現了，一直備受關注的哥哥感覺到自己的權利受到威脅，為了防止妹妹的爭奪，他決定與其抗爭，而妹妹處於幼子的弱勢地位，這就迫使她付出更多的努力去面對問題，由於年齡差距，這種動力會一直伴隨著她的成長。在這種環境下，妹妹的進步更為迅速，當哥哥面對妹妹的優秀時，很容易會感覺到一種壓力，開始懷疑自己作為男性所具有的優越性，他因而沒有了安全感。

而在生理上，女孩會比男孩早一步發育進入青春期，這個時候男孩被這種變化帶來的壓力徹底擊垮了，他開始不再那麼努力爭取，面對問題不再迎難而上，反而對自己的能力產生懷疑。他總能為自己找到放棄的理由，或者在成長的道路上自己設置障礙，用來當藉口，以掩飾自己放棄努力的事實。

這種類型的長子並不少見，他們會感到困惑、無助、毫無來由地變懶惰，或者受焦慮所苦，會產生這些負面情緒，完全是因為他們無法承受來自妹妹的競爭壓力。他們甚至對女性產生憎恨，慢慢地開始變得孤僻，不為別人所理解，最後導致了悲慘的命運。在重男輕女的觀念下，父母或甚至家中其他成員也會有怨言——「為什麼事情不是剛好相反？為什麼哥哥不是妹妹？妹妹不是哥哥？」

還有一種狀況也會出現這類性格的兒童，就是一個家庭中女多男少，或姊妹中間有一個男孩，這種情況往往是女性占據著主導地位，男孩在這個家庭中通常會被眾多女性寵愛；不過也可能是相反的情況，處處被她們排擠，所以這種兒童未來的發展有著不確定性。不過他們之中也有共同點。在社會中有一種觀點，男孩不能單由母親撫養，這裡說的不是單純的字面上的意思，畢竟所有孩子最初都會由女人撫養，它真正的意思是男孩不能在只有女性的環境中成長。這不是歧視女性，而是反對因這種環境中導致的偏見和誤解。而在只有男性的環境中成長的女孩也會遇到同樣的問題，這種女孩可能會受到別人的側目，最後導致的是女孩厭惡自己的性別而去模仿男孩，影響她未來的生活。

相信無論多麼心胸寬容的人，也無法贊成這樣的觀點：要以教育男孩的方式教育女孩。短期內可能可行，隨著年齡的增長，他們之間的差異肯定會愈加明顯。因為身體構造不同，男生會有與女生不同的角色要扮演，例如在職業的選擇上，性別就有很大的影響。有些女生會不滿意自己的性別，因而發現自己很難調整去適應專門給女性從事的工作。再者，婚姻也是個問題。女性在這方面的教育鐵定跟男性不一樣，不滿意自己性別的女性會排斥婚姻，認為婚姻是一種貶低女性的方式，如果真的要走入婚姻，她們也會試著爭取主導權。同樣的，一個接受女性化教育的男孩也會遇到這些問題，他們會覺得當前存在的社會文化跟自己的觀點格格不入。

有一個值得我們注意的前提，兒童在四、五歲時就會形成自己的生命風格，這個時候是培養他們社群情懷的好時機，讓他們具有必要的社會適應能力。四、五歲的孩子對外界的感知已經基本定型，在他們的成長過程中將受其制約，此時差不多就是決定了未來的人生方向。面對外在的世界，兒童的統覺*是不變的；然而感知能力會框住他，且他的心理機制會與行為交互影響，這樣的過程將不斷地重複。終究，個體的心智水平決定了社群情懷的界限。

*統覺（apperception）是德國古典哲學家康德哲學中的重要概念，主要有兩層意義：就感官經驗而言，是認知主體將偶發或經驗上的心理狀態統合而成為屬於自己的統合經驗；就知性層次而言，是認知主體將直觀所得的內容，用內在於人的先驗範疇形成普遍有效的判斷。

# 08

# 兒童的心理處境與矯正

孩子的思維方式和行為模式一旦形成，將會成為一種頑固習慣，進而影響他看待世界的視角，以及與世界打交道的方式。如果他在童年時期形成的錯誤看法沒有得到矯正，那麼他長大後的行為模式將很難改變。所以，對兒童的教育應該及早進行。

# 兒童的自動定位

從前一章節我們已經知道，潛意識中，孩子對自身在環境中所處位置的理解與其發展是一致的。在家中長子、次子和么子，都根據他們在家中所處的位置，以不同的方式成長著，孩子早期的處境對他們來說，是其性格發展的一種磨練和鍛造。

對兒童的教育應該及早進行，當孩子慢慢長大，他會形成有個人特色的行為模式，這一模式會指導他的行為根據不同的情境做出反應。孩子年幼時，我們不會明顯地發現指導他未來行為模式的端倪，但經過幾年的練習之後，這種行為模式就會固定下來，孩子再也不能客觀地對事物表達看法，而是潛意識地受制於以往生活經驗來理解。如果孩子對某一情境產生錯誤理解和判斷，那麼，這種錯誤的理解和判斷就會決定他的行為。如果他在童年時期形成的錯誤看法沒有得到矯正，那麼即便是關乎邏輯和常識的定論，也不能改變他成年後的行為模式。

每個孩子的成長過程總會印上一些具有他自己特色的東西，教育者應該對此有所了解。孩子有自己的個性，所以我們不能用千篇一律的法則來教育大多數的兒童，這也是我們採取同一教育原則對待所有孩子，卻取得了不同效果的原因。

如果我們看到孩子幾乎以相同的方式來對同一情境做出反應時，我們不能認為這是自然法則在發揮作用，真實的情況是，當孩子們對情境缺乏理解和認識時，他們可能會犯下同樣的錯誤。舉例來說，當家庭中有新生兒降臨時，年紀較大的孩子往往會因此產生嫉妒心理。不同意這種說法的人，反駁說事情總有例外；還有另一種看法認為，如果在新生兒降臨之前，我們給孩子做好心理建設工作，那麼嫉妒情緒就不會發生。在這方面存在錯誤觀念和行為的孩子，就好比走到了分岔的山路口，不知道何去何從，然而，他們最終將找到正確的方向，成功地抵達目的地。這時他們會聽到人們驚訝地說：「幾乎所有偏離道路的人都會迷失方向。」這好比孩子會犯的錯誤布滿在這條誘人的路旁，只因為這條路看起來比較好走，所以吸引著孩子，有些孩子就會因此踏上去了。

孩子性格的形成還會被一些其他的情境影響。我們經常看到這樣的情況：成長在同一個家庭中的兩個孩子表現得一好一壞。如果我們對此做一番調查，就能得知，那個表現得壞的孩子往往對優越感有著過於強烈的渴望，他希望能夠控制所有人以及周邊環境，他總是在家中大喊大叫，以便引起別人的注意力；而那個表現得好的孩子，他的情況則恰恰相反，他總是表現得安靜乖巧，是家裡的寵兒，也是那個表現得壞的孩子學習的榜樣。父母對於孩子在同一家庭出生、表現卻大相徑庭的情況難以理解。透過調查得知，那個好孩子發現用他良好的行為可以得到更多的認可，並且能夠使自己在表現欠佳的兄弟姊妹的競爭中處於優勢位置。顯然，當家庭中的兩個孩子之間出現了這種性質的競爭時，表現得壞的孩子就沒有超越表現得好的孩子的希望了，於是，他就在截然相反的方向上努力，盡可能地調皮搗蛋。以往的經驗告訴我們，這種調皮的孩子若改變方向，有可能會表現得比其他的兄弟姊妹更好。同時，經驗還告訴我們，對於優越感的過度渴望會使他朝著某個極端的方向不斷努力，這種情況在學校中屢見不鮮。

## 兒童行為和內心的背離

我們不可能因為兩個孩子成長在同一個環境中，就預言他們會變得完全相同，更何況，沒有任何兩個兒童能夠在一模一樣的條件下成長。性格良好的孩子在成長過程中也會受到不良兒童的影響。實際上，許多孩子在最初都表現得很不錯，但後來卻變成了問題兒童。

這裡有一個十七歲女孩的案例。女孩在十歲之前都表現得乖巧安靜，她有一個大她十一歲的哥哥，她的哥哥一直以來備受家人寵愛，因為十一年來他都是家裡的獨子。當女孩出生時，他的哥哥並不嫉妒她，不過，他卻依然以被寵壞的孩子的角色繼續我行我素。當女孩十歲的時候，她的哥哥有很長一段時間離開了家，女孩就替代了哥哥坐到獨生女的位置上，地位改變以後，她變得和哥哥一樣我行我素起來。她家境富足，家裡會滿足她幼時提出的所有要求，但隨著她不斷長大，她的要求就不能得到全部滿足了。她對此非常失望與不滿，於是開始利用家庭的信用去借錢，很短的時間內，她就背上了一大筆貸款；也就是說，她開始選擇另一條道路來滿足自己的要求。當她的要求被母親拒絕的時候，她就把過去的良好行為拋之腦後，不斷地大吵大鬧，最終變成一個令人討厭的孩子。

從這個案例和其他類似的案例中能夠得到一種結論：孩子可能會用行為良好來滿足自己對優越感的追求，但當環境發生改變時，我們就不能擔保這種良好行為能夠保持下去。本書附錄一的問卷可以提供我們一個概況，讓我們更容易理解兒童和他的行為，以及兒童和環境、周遭的人物間的關係。如果我們借助心理問卷所獲得的資訊對孩子進行深入研究，我們就會知道，孩子身上所具備的性格特點、生命風格以及他的情感發展，無一例外地，都是他利用的工具來追求優越感、獲得別人的認可與尊重，和提高自身價值的行為。

在學校中我們還能遇到另一類型的孩子，他們和我們以上描述的似乎是矛盾的：這種孩子在學校總是表現得懶惰、自閉，他們對外界的批評始終表現得無動於衷。他們看似沒有一點追求優越感的渴望，終日沉浸在自己幻想的世界裡。儘管這種方式顯得極其荒唐，但如果我們教育孩子的經驗很豐富，就會看出，這也是孩子追求優越感的一種方式。這樣的孩子對於用正當途徑來取得成功不抱有一點信心，所以他們就逃避所有能夠使自己得到改善的手段和機會。他們將自己與其他人隔離開來，給人留下一種性格冷漠的印象。這種冷漠並不是他們全部的人格特徵；我們通常可以發現，藏在冷漠背後的，往往是一顆顆異常敏感、脆弱的心靈。他們的冷漠只是為了規避傷害與痛苦，他們將自己裹得嚴嚴實實，這樣外界的事情就無法觸動甚至傷害他們了。

如果我們可以找到辦法讓這種孩子開口說話，那麼就會發現，他們過於關注自己，每天都做著白日夢，沉浸在虛無縹緲的幻想之中，並總是把自己幻想成偉大的人物。在夢境裡，我們絲毫找不到他們在現實生活中的影子，他們在夢裡扮演著萬眾矚目的角色，要麼是征服萬物的英雄；要麼是集權力於一身的君王；要麼是拯救世人於苦難之中的烈士。這些孩子的救世主形象不僅展現在他們的夢境之中，在現實生活裡他們也是如此。我們相信，當別人處於危險的境地時，這類孩子會挺身而出，施以援手。那些做著當救世主白日夢的孩子們，在現實生活中也會訓練自己扮演這樣的角色，而且如果他們還沒有對自己完全喪失信心，一旦有這樣的機會，他們就會扮演起這樣的角色。

有些白日夢會重複出現。在奧地利君主時期，許多孩子都做著這樣一個白日夢——拯救國王或王子於危難之中。父母自然不會知道孩子有著這樣的幻想。那些過於沉溺在白日夢中的孩子們不能適應現實，他們往往無法發展成一個有用的人。在這種情況下，現實和想像之間存在著無法逾越的鴻溝。有些孩子採取了折衷的辦法，他們一面沉迷於幻想之中，一面試圖在現實生活中做努力。還有一些孩子則表現得很消極，他們完全不為適應現實做任何努力，而是越沉迷於自己構建起來的虛幻世界中不能自拔。當然，也有些孩子對於幻想世界沒有一點興趣，而是只專注於現實，即使選擇書籍，他們也只讀著有關旅行、狩獵和歷史等方面的書。

毫無疑問，孩子當然需要一定的想像力，但更應該接受現實。孩子看待問題的角度不同於成年人，他們看待世界非黑即白。如果要理解兒童，我們就不要忘記這樣一個極端重要的事實：即孩子總是把世界劃分為涇渭分明或者完全對立的兩個部分（上或者下；絕對的好或絕對的壞；聰明或者愚蠢；優越或者自卑；全有或全無）。成年人也是有類似這種兩極化的統覺方式。擺脫這種認知方式是有一定難度的，例如，我們會把冷和熱看成對立的，但從科學的角度上區分冷和熱只是溫度和級別上的不同。這種對立的思維方式不僅出現在兒童身上，在哲學思考的初級階段，我們也能發現這種思維方式。早期的希臘哲學占主導地位的就是這種絕對對立的思維方式。直到今天，有些哲學家依然以對立的方式進行價值判斷。在有些人心中，生與死、上與下、男與女等都是性質對立的形式。這種孩子氣的認知方式和古代哲學的思考方式之間有著異曲同工之妙。我們可以相信，那些習慣性地將世界分為尖銳對立的兩個部分的人，仍然保留著兒童時期的思維方式。

## 理想化的思維方式

對於那些按照這種完全對立的認知方式來生活的人，我們可以用這樣一句格言來描述他們的思維：「不是全有，就是全無。」然而，這種思維方式在這個世界上是行不通的，不過，依然有很多人按照這種方式來生活。人類要麼擁有所有，要麼一無所有——這是不可能的，在這中間還存在無數的過渡層級。擁有這種思維方式的人，一方面飽受自卑心的煎熬，另一方面被自卑心驅使而變得野心勃勃。歷史人物凱撒就是一個典型的例子，他在謀取王位的時候被他的朋友殺害了。孩子身上存在的古怪特徵——偏激、固執等，都能在「非此即彼」的思維方式中找到根源。這裡，我們可以用一個具有偏執性格特徵的小女孩當作事例加以說明。有一天，她的母親將一個柳丁遞到了她的手上，她接過柳丁之後立即將它擲在地上，並且固執地說：「妳給我的，我都不會喜歡，我喜歡什麼，我會自己拿！」

當然，那些懶惰的孩子「擁有全部」的可能性不大，於是便會沉迷於「一無所有」、虛無縹緲的幻想之中。但是我們也不能過早得出結論，說這個孩子已經無可救藥。那些內心敏感脆弱的孩子很容易逃避現實，習慣性地躲進自己建構的虛擬世界之中，藉此避免進一步的傷害，不過這種的逃離並不是代表他們是完全失調或不適應。不僅作家和藝術家需要和現實保持一定的距離，科學家也同樣如此，因為科學家也需要出眾的想像力。白日夢裡的幻想不過是對生活中的挫折與失敗的一種迴避的手段罷了。縱觀歷史，人類的領袖人物正是那些想像力豐富，並且能夠將想像力與現實結合在一起的人。他們之所以成功，不僅僅因為他們在學校接受過良好的教育，具有敏銳的洞察力，還因為他們在面對困難時具有不畏挫折的意志和勇氣。從眾多偉人的生平事蹟中我們能夠看出：儘管有些人沒有足夠重視現實，但他們身上的勇氣和卓越的洞察力就足以使他們應付周圍的世界。因此，當條件成熟時，他們的勇氣就足以使他們直接面對現實，透過努力而取得成就。當然，想將孩子培養成偉人沒有既定模式和捷徑。但是我們要記住，對待孩子不能採取簡單粗暴的手段，而是應該鼓勵他們，千方百計地向他們解釋現實生活的意義，以此拉近他們的想像世界和現實世界的差距。

# 09
# 新環境的試煉

人格發展不是僵硬的機械決定論，而是不斷持續發展的，所以我們才有可能教育和改善孩子的人格，也才有可能觀察到孩子在某一階段的性格發展狀況。

# 兒童的對抗行為

個體的心理是一個完整的整體，個性的所有表達之間都是相互吻合、前後一致的，並且還是一個持續發展的過程，不會在時間上出現突然的跳躍。人們現在和未來的行為總是和以前的性格一脈相承；但這並不意味著，個人在一生中的所有行為都是由經驗和遺傳來決定的，而是說，未來與過去是相關聯、不可分割的。我們不可能在一夜之間脫胎換骨變成另外一個人，雖然我們本來就不清楚所謂的自我是什麼樣子的，也就是說，直到我們發揮出能力與天賦的那當下，我們才會知道自己擁有那些能力。

正是因為我們相信性格發展不是僵硬的機械決定論，而是不斷持續發展的，我們才有可能教育和改善孩子的性格，也才有可能觀察到孩子在某一階段的性格發展狀況。當孩子進入新環境之中，他隱藏的性格就會表現出來。如果我們可以直接對某個孩子進行測試，將他帶入一個全新的環境之中，然後根據他的表現，觀察他們的性格發展水準，這個孩子在新環境中的行為肯定符合他以往的性格特點，於是，我們就能發現在一般情況下難以發現的性格。

就孩子的情況而言，通常是在轉變期——孩子開始學校生活或者家庭環境突然發生變故時，我們最有可能發現他的性格。在這個時期，孩子的性格缺陷就會暴露出來，就像一張相機底片被放進沖洗液一樣呈現出清晰的圖像。

我們曾經近距離地觀察一個被收養的孩子，他性情暴躁、行為令人難以捉摸、桀驁不馴、難以管教。我們問他一些問題時，他沒有像一般的孩子一樣做出敏銳的回答，而是自言自語，說一些和問題毫不相關的話。在了解這個孩子的整體情況之後，我們得出這樣的結論：儘管這個孩子已經和他的養父母相處了好幾個月了，但對他們依然懷有敵意，他不喜歡這個家庭環境。

這是我們所能得出的唯一結論，男孩的養父母對此先是搖頭，他們認為自己對孩子很好。事實上，以前從來沒有人對他這麼好過，但這並不是問題的關鍵因素。我們常常聽到父母說：「我們想要矯正孩子的性格缺陷，對此什麼方法都試過了，軟硬兼施，都沒有收到什麼成效。」由此可知，僅僅善待孩子是不夠的。雖然有很多孩子會對父母的善意有所回應，但我們不能因此幻想我們已經改變了他。孩子們相信他們當前的處境並不會因為這一點善意而有所改變，一旦這種善意對待消失，他們就會恢復以前的行為。

在這樣的環境中，**關鍵是要理解孩子的所知所想，父母對他們一廂情願的理解並不重要**。我們告訴這對養父母，孩子在這裡並沒有感受到幸福。對於孩子的感覺是否具有合理性我們不清楚，但可以肯定的是，這期間肯定發生過什麼，才導致孩子對他們的憎恨。我們對這對養父母說，如果他們不能改變孩子的這種想法與感受並贏得他的愛，那麼這個孩子將轉交給別人撫養，因為在孩子的眼中他是被囚禁了，對此他肯定會做出反抗。

後來，我們聽說這個男孩性格變得更加暴躁，儼然變成了一個危險人物。如果用他能夠接受的方式跟他交流，那麼他的情況會得到改善，但這還不夠，因為孩子還沒有弄清這種情況的根源。隨著我們深入考察，我們搞清楚了其中的原因：這個孩子是和養父母自己的孩子一起生活的，他認為養父母比起他更加關愛自己的孩子。孩子發脾氣毫無道理，但是他已不願意留在養父母家，因此，任何可以幫助他實現這一願望和目的的行為都是有意義的。從他為自己設立的目標來看，他的所作所為都是非常聰明的，我們可以排除任何智力障礙的問題。一段時間以後，這對養父母也意識到，如果他們無法改變這個孩子的想法與行為，他們只能將他交由別人來撫養。

如果我們對孩子的錯誤行為採取懲罰手段，那麼，這將成為他繼續反抗的理由，懲罰強化了他反抗有理的感覺。我們的觀點具有合理的根據，從我們的角度看，孩子的錯誤行為是他與所處環境互動的結果，是他在還沒有任何準備下面對新環境的真實反映。儘管孩子所犯的錯誤是幼稚的，但我們也無須吃驚，因為這種幼稚也時常出現在成年人身上。

## 孩子微行為中的信號

幾乎還沒有人深入研究過人的手勢、姿勢和其他不明顯的身體語言。教師在這方面有著得天獨厚的優勢，他們可以將孩子的各種表達歸結為一套系統，以此來研究它們之間的關聯，從而找到問題的根源。我們必須記住，在不同環境，同一種表現形式的意義並不相同，兩個孩子做同一件事，其意義也並不一樣。此外，儘管問題兒童的行為差錯都源於同一心理問題，其表現形式卻是因人而異的。原因很簡單，達到一個目的可以有很多種途徑。

**我們不能用常識來判斷孩子行為的對錯，一個孩子如果行為出現了偏差，那往往是因為他為自己設置了錯誤的目標，以錯誤目標為指向的行為，無疑也是錯誤的。**人性的奇特之處就在於，儘管真理只有一個，但人犯錯誤的機會和可能性卻不勝枚舉。

孩子的有些表現未曾被人們注意到，但這些表現卻有其獨特的意義，例如，孩子的睡姿。舉一個有趣的例子。一個十五歲的男孩經常做這樣一個夢：當時在位的皇帝法蘭茲．約瑟夫一世*死了，他的鬼魂出現在孩子的面前，賦予他一個神聖的權利，命令他組織一支軍隊向俄羅斯進軍。晚上我們進入他的房間觀察他的睡姿，儼然一副拿破崙*指揮千軍萬馬的模樣。第二天白天，我們見到他的時候，發現他的形體姿勢和晚上的睡姿很相似。由此可以看出，他的幻想與現實之間是存在很大關聯的。我們引導他談話，試圖使他相信皇帝還活著，他卻不願意相信。後來他告訴我們，他在咖啡廳當服務生的時候，總是有人嘲笑他身材矮小。當我們問他，誰和他的走路姿勢相像時，他思考了一會兒說：「我的教師，麥爾先生。」這一回答證實了我們的猜想，只要把這個麥爾先生想像成拿破崙，最後的問題就迎刃而解了。最重要的一點是，這個男孩和我們說，他的理想就是當一名教師，他非常喜歡麥爾先生，私下裡也會模仿他的一言一行。總而言之，這個男孩的全部生活模式都集中在他的睡姿裡了。

*法蘭茲．約瑟夫一世（Emperor Francis Joseph I，一八三〇—一九一六）：奥地利皇帝兼匈牙利國王，奥匈帝國締造者和第一位皇帝。一八五〇年—一八六四年間擔任德意志邦聯主席。

*一八一二年春，拿破崙同普魯士和奥地利結成短暫的軍事同盟對俄作戰。

# 對新環境的不適

一個新環境能夠測試出孩子對新生活的準備工作做得怎麼樣，如果孩子準備充分，他就會滿懷信心地迎接新環境，如果他的準備不夠充分，那麼在新環境中他就會感到緊張，這種緊張情緒會讓他產生能力不足的自卑感。這種自卑感會影響孩子的判斷力，使孩子在面對環境所做出的反應是不真實的，也就是說他的反應不符合情勢要求，而這也正是因為其判斷力不是建立在社群情懷上的關係。換句話說，**孩子不適應學校這一新環境，不能全部歸因於學校教育的失敗，還有可能是孩子沒有事先準備好面對新環境**。

我們之所以必須考察新環境，並不是說新環境讓孩子變得難以管教，而是孩子處於新環境中，他在準備工作方面的不足會更容易凸顯出來。所以，每個新環境都可視為是在測試孩子的準備工作是否妥善。結合上面的情況，我們這裡再討論一下「附錄一：個體心理問卷」中提出的幾個問題。

問題一：引起孩子出現問題的原因是何時出現的？我們會立刻注意到是不是有

新狀況發生。如果孩子的母親告訴我們，孩子在入學之前表現得一直很好，那麼我們從中得到的資訊遠遠超過這個母親告訴我們的，也就是說，這個孩子難以適應學校的生活。如果針對孩子何時出現問題，母親的回答是「過去這三年」，那麼，我們必須知道早在三年前，孩子的周遭或他的內心到底發生了什麼變化。

了解孩子喪失自信的具體表現就是他不能適應學校生活。孩子在第一次遭受失敗與挫折時，沒能引起別人的重視，這對孩子來說可能是個災難。我們要了解，孩子是否經常會因為成績不好而遭受懲罰，糟糕的成績和懲罰在孩子追求優越感上會產生怎樣的影響。這個孩子也許會因此覺得自己一無是處，尤其當父母習慣性地對他說「你將一事無成」或者「你長大肯定會進監獄」之類的惡意評價的話。

有些孩子遭遇失敗會愈挫愈勇；而有些孩子在經歷失敗後就一蹶不振。對於對自己和未來都不抱期待的孩子應該得到我們的鼓勵，對待他們要寬容善良。

冒然地向兒童解釋性方面的問題，會使孩子陷入困惑。不過家中其他異性手足的優異表現也會妨礙孩子的努力和奮鬥。

問題二：孩子在問題出現之前，是否已出現了一些明顯跡象？也就是說，孩子對環境準備不足的缺失，在環境變化之前是否有過一些跡象？對於這個問題，我們從家長那裡得到了各式各樣的答案。「孩子沒有養成整理物品的習慣」，這就意味著他的母親總是替他整理好一切；「孩子總是表現得膽小內向」，這說明他非常依戀家庭。如果一個孩子被形容為孱弱，那麼我們可以推測他生來就有器官缺陷，孩子會因為身體虛弱就得到更多寵愛，也可能因為長相醜陋而被人忽視。

這個問題也涉及孩子可能有輕微智能障礙。孩子也許是因為身體發展緩慢，以至於被人懷疑身體發育是否正常，即使這個孩子的情況在將來有所改善，他依然會感到被過分寵愛或保護的限制，這一感覺加重了他適應新環境的難度。如果這個孩子表現得特別膽小和粗心，那麼我們可以肯定他是想藉此引起別人對他的關注。

老師的第一要務是要贏得小孩的信任，然後再試著去培養他的勇氣。如果孩子的行為舉止表現得很笨拙，那麼教師就應該了解孩子是否為左撇子，如果孩子的笨拙已經到達很誇張的程度，那麼教師就有必要了解孩子，知道孩子對自己的性別角色是否有完整清楚的認知。那些在女性環境中成長的男孩，他們不喜歡和男孩一起玩，並且經常被視為女孩，他們也因此遭到同伴們的嘲笑；他們已經習慣了女性的角色，並在以後會經歷相當激烈的內心衝突，這類孩子起初並不清楚男女身體組織的差異，他們相信性別是可以改變的。不過，他們最終會發現他們的身體構造是不可改變的，作為對這一遺憾的補償，他們會在服飾裝扮和言行舉止上反應他們想要成為的性別。

## 性別不平等帶來的傷害

有些女孩厭惡女性的工作，其主要原因就是她們認為這些工作沒有任何價值，這的確是我們的文明中存在的一個基本錯誤。男性擁有女性沒有的某些職業特權，這種傳統延續至今，我們的文明明顯傾向於男性，承認男性優越論。

男孩的出生往往比女孩更讓家人感到興奮，這一觀點無論是對男孩還是女孩都是有不利影響的。女孩用不了多久就會感受到自卑感的刺痛；而男孩則在過高的期望下承受更多的心理壓力。女孩的成長會受到諸多限制，但是有些國家比如美國，對女孩的限制已經不算明顯；但在社會關係方面，即使是美國，也沒有達到真正的男女平等的狀態。

孩子的心理有時能夠折射出人類的整體精神，接受女性角色也就意味著要承受許多艱難困苦，所以也因此經常招致反抗。這種反抗經常表現為桀驁不馴、頑固倔強、懶散倦怠，這些都和她們追求優越感的心理有關。當女孩出現這種跡象時，教師就有必要了解她是否對自己的性別感到不滿。

這種對自身性別不滿的想法會擴展到生活的其他方面，生活也因此變成一種負擔。我們有時會聽到孩子說想要搬到一個沒有性別差異的星球上生活，這種想法可能會導致孩子荒謬的行動，她們可能會變得冷漠、走向犯罪、甚至自殺。如果我們對此採取懲罰手段，只會加強孩子在性別差異上的不安全感。

這種不幸的情況完全可以避免，只要我們能夠自然得體地讓孩子了解男女之間的差異，並使他們懂得女孩和男孩同樣寶貴。通常家庭中的父親似乎有一種優越感，他們看來好像是財產擁有者，會訂規定、下指導棋、會對妻子解釋一切但終究由他做決定。因此，這家庭的兒子們會有一種要超越姊妹們的心態，用嘲諷和批評姊妹們的性別，讓她們不開心。心理學家非常了解兄弟們的這些行為，認為是出自他們害怕怯懦的心態。畢竟，有能力做事和似乎有能力做事是兩回事。說著女性不能達到非凡卓著的成就，這樣的論斷是毫無價值，因為人們至今也沒有引導教育女孩去做出什麼一番事業，男人總是把需要縫補的襪子放到女人手裡，並試圖讓女人相信這才是她們的本職工作。雖然這種情況已經有所改善，但直到今天，我們給女孩所提供的教育和準備工作中，也未曾體現出我們對她們的成就有寄予重望的期待。一方面，我們阻礙了她們的準備；另一方面，我們還反過來批評她們成就低微。這是一種短視。

要改變現狀並不容易，因為不只父親們認為男性持有性別特權是合理的，母親對此也覺得理所當然，並以此教育自己的女孩說，男性的權威是正確的，男孩可以要求女孩服從於他們，女孩也應該服從。兒童應該及早明白自己的性別，且了解到身體的性別是無法改變的。

女孩長大以後，她們會形成憎恨男性權威和男性優越的觀念，如果這種憎恨過於強烈，她們就會拒絕接受自己的性別，並且盡可能地去模仿男性。在個體心理學中，這種行為被稱之為「男性傾慕」。男孩女孩的性別特徵方面出現問題會使他們懷疑自己的性別，如果他們存在身體畸形或者身體發育不良等症狀，這會使他們成人以後，依據解剖學上的男女體質特徵來懷疑自己的性別（女孩身上出現男性特徵，男孩身上出現女性特徵），這種懷疑有時候和他們體質虛弱密不可分。如果身體構造稚嫩、發育遲緩，這在外觀上男性身體會比在女性身體體現地更為明顯，如果男性身上出現這種情況，那麼就會被認為具有女性特徵。這種看法是錯誤的，因為與其說他看起來像女生，不如說他看起來更像一個小男孩。

一個身體沒有得到充分發育的男人會感到痛苦，因為我們所處的文明當中，社會的理想男性形象就是身材魁梧、威武雄壯、超越女性的。同樣的，一個發育不全或者長相醜陋的女孩也經常會厭惡面對生活的問題，因為社會普遍將女性的美麗看得過於重要。

人的性情、脾氣和情感一般被視為第三性徵。人們通常會覺得男孩生性太敏感會顯得女孩子氣，而女孩的自信堅強又被認為太男孩子氣。這些性格特徵並非他們與生俱來，而是在後天環境中習得的。擁有異性性格特徵的人回憶時，他們都會說他們在童年的時候就是如此，他們成人後也承認自己童年時就古怪、另類，行為舉止和女孩（或男孩）無異。後來，他們按照對各自性別角色的理解長大成人。由此衍生出進一步的問題是，孩子的性發育與性經驗已經發展到什麼程度？通常，在一定的年齡階段，孩子對性應該有一定程度的了解。據推測，至少有百分之九十的孩子在父母或教師向他們解釋性方面的知識之前，就已經對性有某種程度的了解了。

對於向孩子解釋性知識的時機，並不存在硬性的規則，因為我們無法掌握孩子對這種解釋的接受和相信程度，以及這種解釋對孩子將造成什麼樣的影響我們也無從得知。一旦孩子問及這方面的問題，在我們向他做出解釋之前，還應該充分考慮孩子當時的實際情況。儘管早一點解釋並不一定會產生不好的效果，但我們不太提倡過早地跟孩子解釋這類問題。

問卷中還有一些問題也是比較棘手的，即收養和過繼的孩子。這類孩子把自己得到善意對待視為理所當然，把在家庭中受到的一切嚴苛對待都歸咎為自己獨特的處境。一個失去母親的孩子會將自己依戀的情感轉移到父親身上。當一段時間過後，他的父親再婚時，他會有一種被拋棄的感覺，因此會抗拒和繼母友好相處。

有趣的是，有些孩子認為自己的親生父母一定是繼父繼母，這種態度包含著他們對父母的抱怨和批評。在許多神話故事中，繼父繼母都被描述為刻薄歹毒的形象，這也使得繼父繼母聲名狼藉。

順便說一下，神話故事並不是兒童的最佳讀物，當然，也不可能完全禁止孩子閱讀這類書籍，因為孩子能從中了解關於人性的東西。不過，我們應該在故事中附上修正的評語，而且也應該禁止他們閱讀那些描寫暴力和歪曲幻想的故事。

人們有時會運用那些描寫殘忍的故事，來讓性情溫柔的孩子變得粗狂堅韌，這又是一個源自英雄崇拜的錯誤做法。許多男孩都覺得同情是缺乏男子氣概的表現，這實在令人無法理解為何溫柔的情感會遭到嘲笑。雖然每一種情感都有可能被誤用，但是如果溫柔的情感能夠得到合理利用，那麼這種感情無疑是很有價值的。

私生子的處境尤為艱難，無庸置疑，那種說女人和孩子本該承受這種負擔，而男人則可逍遙自在的說法是錯的，孩子無疑是最大的受害者，無論人們如何努力地去幫助這樣的孩子，他們的痛苦都不可避免，因為他們會根據環境和常識判斷，他們的境遇並非正常。

私生子總是遭受同伴的嘲笑，國家的法律也使他們處境艱難，法律的約束為他們烙上私生子的印記。因為身分敏感，他們很容易與別人發生爭吵，並對周圍世界形成一種敵視的態度，而無論是哪一種語言，稱呼他們的都是一些醜陋、侮辱性和鄙視的字眼。這就很容易理解，為什麼問題兒童和罪犯之中有很多都是私生子的原因。孤兒和私生子的反社會傾向不是天生和遺傳的，而是受後天環境影響的結果。

# 10

## 孩子在學校的表現

考慮到各式各樣的因素對孩子入學準備產生的不良影響，例如僅僅將孩子的學習成績作為判斷的標準是非常愚蠢的做法。孩子的成長比成功更重要，書本學習只是學習的一部分，培養他們美好的心境更重要。

## 幫助孩子做好入學準備

當一個孩子初入學校學習時，他會發現自己置身於一個全新的環境。如同所有其他新環境一樣，學校能夠檢測出孩子對新環境的準備工作做得如何。如果孩子訓練有素，那麼他將順利通過這種測試；反之，如果他缺乏準備，他在這方面的弱點將暴露無遺。

我們一般不會將孩子初入校園時的心理情況記錄下來，如果有記錄的話，它們將會極大地幫助我們了解孩子成年以後行為的意義。這種「新環境測試」比學校的成績測試更能揭示這些孩子的真實心理狀況。

當一個孩子步入校園之後，學校對他會有什麼要求呢？在學校裡，他需要與教師和同學合作，還要對學校的必修科目產生興趣。透過孩子在學校這個新環境中的表現，我們能夠了解到他們的合作能力和興趣範圍，據此判斷孩子有興趣的學科，以及他是否願意聽別人講話，是否對周圍的事物有興趣。要核實這些內容，我們需要研究孩子對待別人的態度、言行舉止、肢體語言，以及傾聽別人說話的方式，還有他對待教師是友好親近，還是避而遠之等。至於這些細節是如何影響孩子心理發展的，仍然透過一個案例來說明。

一個男性在工作上遇到了許多困難，病人便來求助心理醫生接受治療。心理學家從他對童年的回顧中發現，他是家裡唯一的男孩，從小在姊妹群中長大。他出生不久，父母就去世了，等他到了學齡，他對自己應該去讀女子學校還是男子學校感到迷惘。後來他接受了姊姊們的建議去讀了女子學校，但是，沒過多久學校就把他退學了。不難想像，這件事給他帶來了多大的心理創傷。

孩子是否能夠將注意力集中在學業上面，在很大程度上取決於他是否喜歡自己的教師。教師的專業素質之一，就是使孩子的注意力集中起來，並且觀察學生純粹是不專心或者是無法專注。初入學校有許多學生都不能集中注意力，他們都是被家長寵壞的孩子，被身邊的眾多陌生人搞得不知所措。如果恰巧教師又比較嚴厲，這些孩子就會表現出記憶力不太好的樣子，但是，這種記憶力欠缺的情況並非我們所想的那樣，因為他們對學業以外的其他事情能夠做到過目不忘。當他們身處在被溺愛的家庭環境中時，他們完全可以集中注意力，這只不過是他們把所有精力都放在渴望被寵愛上面了，於是對學校的功課卻總是表現得心不在焉。

這類孩子如果難以適應學校的生活，他們就會學業不精、成績不佳，批評和指責對他們來說也於事無補，反而會適得其反，強化他們不適合上學的想法，從而使他們以一種消極的態度對待學業。

需要注意的是，一旦教師收服了這類型的兒童，他們就會變成在學業上很努力很用功的好學生。如果學習能夠帶來好處，他們會不遺餘力地去做這件事，但我們不能確保他們能夠一直得到教師的寵愛。如果他們轉校或者換教師，甚至在某一學科（數學一直都是這些小孩的罩門）上沒有取得進步，他們就可能裹足不前。他們之所以無法做出持續的努力，是因為他們已經習慣別人先幫他們打點好，把各種事情都先安排得較簡單，如果沒有人教他們去發奮圖強，他們也不知道該如何發奮圖強；面對困難，他們總是缺乏耐心和毅力。

現在，我們來探討一下幫助孩子為入學做準備的意義。如果孩子在入學準備上做得有所欠缺，那麼母親的責任首當其衝。我們知道，母親是孩子的第一任教師，負有重大的責任，她是喚醒孩子興趣的人，引導孩子把興趣朝向積極健康的道路上。如果母親沒有做好這方面的工作，孩子在學校的表現會明顯地體現出來。除了母親的作用和影響外，還受到來自家庭的其他一些錯綜複雜的因素影響，例如父親的影響、兄弟姊妹間的競爭，關於這方面的內容我們會在其他章節進行分析。此外，還有一些來自家庭以外的影響，如不良的社會環境和社會偏見，這些因素我們會在下一章詳細闡述。

總而言之，考慮到各式各樣的因素對孩子入學準備產生的不良影響之後，僅僅將孩子的學習成績作為判斷的標準是非常愚蠢的做法。不過，我們可以將學校成績報告視為孩子目前心理狀況的反映，這些成績報告不僅僅是孩子所獲得的分數，更能反映他的智力情況、興趣範圍和專注能力等。孩子在學校的學習成績測試和智力測驗之類的科學測試沒有什麼不同，儘管這兩種測試的結構、內容並不相同，但其核心並無差異。在這兩種測試中，我們的重點應該擺在測試揭露了什麼樣的兒童心理，而不是一堆記在紙上沒有用的事實而已。

## 智力測驗的功能

近年來，所謂的智力測驗獲得了長足發展，教師們相當重視這種測驗的結果。不可否認，這種測驗在某種情況下是有一定價值的，因為它能揭示出普通測試所不能揭示的東西，這種測驗還不時地幫了一些孩子的大忙。有一個男孩因為課業成績十分糟糕而被要求留級，但他的智力測驗結果卻證明這個孩子智商很高，結果這個孩子不僅沒有留級，反而跳了一級，這極大地滿足了他追求優越的心理渴望，從此之後，他的行為也發生了很大的改變。

我們並不想貶低智力測驗的功能，我們只是想強調，如果要給孩子進行這種智力檢測，無論是孩子還是父母都不應該知道測試結果，因為孩子及其父母並不理解這種智力測驗的真正價值，他們認為這個測試結果代表了一種完整的評定，他們會根據測試結果來給這個孩子的未來做出判斷。對孩子而言，他們的發展很可能受到測試結果的影響和限制。實際上，把測試結果絕對化的做法一直備受批評，在智力測驗中取得高分的孩子，並不能確保將來會順遂一生；相反的，那些取得卓越成就的成年人，有很多人智力測驗的成績並不理想。

根據個體心理學經驗，如果摸索到正確的方法，我們可以提高孩子原本偏低的測試成績，其中一個方法就是讓孩子研究某種類型的智力測驗題，讓他掌握破解這類題型應該具備的技巧。此外，對測驗有充足的正確準備，也是一種方法。藉由這些方法，兒童就能有所進步也能增加經驗，在往後的測驗中，也能得到更好的分數。

此外，還有一個至關重要的問題，那就是學校的日常教學對孩子將產生怎樣的影響？孩子是否為沉重的課業負擔所累？我們不是要貶低學校課程中的科目，也沒有想要減少這些學習的科目。我們想要強調的是，學校在教授這些科目時要融會貫通，這樣孩子才能真正了解學習這些學科的目的和實際價值，才不會認為那些內容是抽象的理論知識。目前頗受爭議的問題是：我們是應該教育孩子學習這些學科的知識，還是側重於發展他們的人格？對此，個體心理學認為，兩者可以同時兼顧。

如上所述，教學應該充滿趣味性，不能脫離實際生活。數學（算術和幾何）的教學內容可以結合某一建築的風格和結構，或者結合居住其中的人數等一併講授。有些科目可以結合在一起教學，有一些先進的學校就有一些專家，懂得將科目結合起來進行教學，他們融入孩子之中，領著孩子們一起散步，從談話中試圖發現孩子更偏愛哪個科目，討厭哪個科目，他們力圖把某些學習科目靈活調動起來，結合在一起一併教學，例如，在講解植物知識的時候，將這一植物的歷史、所生長國家的氣候等連結起來教學。透過這種教學方式，不僅使原本枯燥無味的科目知識變得生動有趣，激發了學生的學習興趣，而且還使這些學生能以融會貫通的方法解決問題，這也是教育的最終目的。

## 適當程度的競爭

有一個值得教育者注意的問題，即在學校讀書的孩子都覺得自己身處於激烈的競爭環境之中。理想的班級應該是一個密不可分的整體，每個學生都覺得自己是這個整體中不可或缺的一部分，教師應該確保將競爭和個人的野心控制在一定程度。有的學生看到別人遙遙領先就會心生嫉妒，他們或不遺餘力地奮起直追，或陷入心灰意冷之中，僅憑主觀感受去看待事物。這也是教師的建議和指導如此重要的原因，**教師一句恰當的話就可能將沉迷於競爭的學生引向互相合作的正途**。

制訂適當的班級自治計畫對加強學生的合作精神有所助益，我們無須等到學生準備完善才去制訂這項計畫，我們可以先讓孩子觀察班裡的情況，鼓勵他們提出自己的建議。如果在孩子還沒有任何準備下就冒然讓他們實施自治計畫，我們會發現他們的懲罰手段和力度較之於教師有過之而無不及，他們甚至會運用權術為自己謀求好處和優越感。

當評價孩子在學校所獲得的進步時，我們應該統籌考慮教師和孩子雙方的意見。有一個事實非常有意思，孩子在這方面有著驚人的判斷力，他們總是知道誰拼寫最好，誰最擅長畫畫，誰運動最出色，能夠很正確地給對方打分數，雖然未必能夠做到十分公正，但是如果他們能夠意識到這一點，就會盡量做到客觀公正。在評價方面最大的問題就是學生的妄自菲薄，很多學生永遠覺得自己不如別人，而事實並非如此。這就需要教師矯正這類學生的錯誤認識，否則，這會成為孩子對自己固定不變的評價。孩子一旦有了這種看法，那麼他們將很難取得進步，只會裹足不前。

在學校裡，孩子的學習成績總是分為這幾個級別：要麼優秀、要麼糟糕、要麼居於平均水準，孩子所屬的那個層級，一般是不會有太大變化。這種狀態與其說反映了他們的智力發展水準，不如說反映了孩子心理態度的慣性，孩子會自己局限了自己，在經過若干挫折後便不再抱樂觀態度了。但有些孩子的成績在級別間也會出現一些波動，這一事實很重要，這代表著孩子的智力水準並不是天生的，成績級別所屬非也一成不變的，學生們應該明白這個道理，並將這一認知運用到具體的學習中去。

## 遺傳與成績單

人們總是將孩子取得的優異成績歸因於他們的遺傳基因，這是一種應該摒棄的迷信觀念，也許兒童教育中最大的謬誤就是相信能力是遺傳的，當個體心理學首先指出這一點時，人們覺得這不過是我們的樂觀猜測而已，並沒有科學依據，不過，現在越來越多的心理學家和病理學家開始認可這一觀點。當孩子成績不如意時，能力遺傳就成了教育者為孩子開脫的一種藉口。在困難面前，我們應該積極尋找解決辦法，努力克服困難，而不是藉著能力遺傳的說法來逃避責任。我們沒有權利逃避責任，對於那些旨在推脫責任的任何觀點，我們都應該持懷疑和否定的態度。

一個教育工作者，如果有自己的職業信仰，相信教育能夠培養性格、改善能力，那麼他就不可能矛盾地認可能力遺傳的觀點。我們在這裡並不討論身體上的遺傳，我們知道，身體器官的缺陷，甚至身體器官的能力差異都可能是遺傳決定的。那麼，連接器官的功能運作和人的心智能力之間存在著怎樣的關係？個體心理學家堅信，心智也在經歷著受器官本身所控制的能力水準，並且也必須予以考慮跟處理的。有時候，心智耗費太多在器官上，器官的缺陷使心智受到了驚嚇，以至於在器官缺陷消除之後，心智上的恐懼還會持續很長一段時間。

人們總是喜歡追根究柢，總喜歡探尋事情發展的根本。不過，當我們在評價一個人的成就時，這種究本尋源的癖好（即相信能力遺傳）卻是一種誤導。這種思維方式常見的錯誤就是忽略了我們其他眾多的祖先，沒有考慮在偌大的家族世系圖中，每一代都有父母兩支旁系。這樣，如果我們追溯到我們的前五代人，那麼就有六十四位祖先，這六十四位祖先中毫無疑問會有一位具有聰慧才智，我們就能將後人的才能歸因於這位祖先身上；如果我們上溯到前十代，那麼就會有四千零九十六位祖先，這四千零九十六位祖先中必定有一位是出類拔萃的，我們就能將後人的出類拔萃歸因於這位祖先身上。當然，我們也應該記住，子承父業的效果也類似於遺傳的功效。有些家族比其他家族產生更多的才智之輩的原因顯然不能再歸因於遺傳，而是像繼承家業這樣明顯簡單的原因。我們只要回顧一下過去歐洲的情況就能夠明白這個道理，那時的孩子往往會被迫接受父執輩的事業。如果我們忽略了這一社會制度的作用，那麼，那些用來證實遺傳作用的統計數字，自然具有無與倫比的說服力。

除了能力遺傳的迷信觀念外，阻礙孩子發展的另一個原因則來自於成長環境——家長們總是因為孩子成績不好而懲罰他們。如果孩子的成績不理想，他發覺教師並不是很喜歡他，他因此苦惱不已，回到家後還會遭到父母的批評與指責，甚至有時還會被責打。

教師應該清楚糟糕的成績單會給孩子帶來怎樣的不良後果，有些教師以為，如果強迫孩子把自己糟糕的成績單交給父母，那麼這將督促他在學習上更加用心。但是這些教師沒有考慮到有些家庭的特殊情況，有些家長對孩子的教育極為嚴苛，在這種家庭環境中長大的孩子會猶豫不決，他不敢將糟糕的成績單帶回家，接下來的後果可能是他根本不敢回家，甚至會做出極端的行為，帶著無法面對父母的恐懼心理而絕望自殺。

教師自然不用對學校制度負責，但如果他們可以用自己的同情和理解來中和一下學校制度非人性和苛刻的一面，那麼這將是一種緩和的彌補。對待那些家庭環境特殊的孩子，教師應該寬容一點，給予他們適當的鼓勵，而不是把他們逼上絕路。那些在學校裡成績墊底的孩子，他們總是感到心情壓抑而沉重，大家都將他們認定為成績最差的學生，結果他們自己也會信以為真。如果我們能夠站在他們的角度想一下，就能夠理解這些孩子討厭學校的原因了，因為這也是人之常情。一個孩子如果經常因為成績不好而受到批評，他就會在學業上喪失信心，他自然會討厭學校，甚至想辦法翹課。因此，一旦遇到孩子翹課曠課的情況，我們也不必大驚小怪。

雖然孩子出現這種情況我們不必感到驚奇，但還是應該認識到其中的意義。這無疑是一個糟糕的開始，通常會發生在孩子的青春期。為了免受責罰，他們會做出修改成績單、翹課曠課等行徑；他們會和同類學生混在一起，結成幫派，甚至逐步走上犯罪的道路。

如果我們認可個體心理學的觀點，即沒有不可救藥的孩子，那麼，就可以避免這些事情的發生。我們認為，總能找到恰當的辦法對待這些孩子，即使遇到非常糟糕的情況，也總會有解決的辦法。當然，最關鍵的在於我們要去尋找。

## 學生留級和跳級的問題

學生留級的壞處已不用我們再一一陳述，教師一般都會覺得，讓學生留級會給學校和家庭都造成麻煩，雖然情況並不完全如此，但卻很少有例外發生。留級的學生往往反覆地留級，功課永遠落後，他們的問題從來沒有得到真正的解決。

什麼情況下才安排學生留級，這確實是一個難題，然而許多教師能夠成功地避免這個問題的發生。教師們利用假期時間幫助學生找出他們生活方式的錯誤，並加以矯正，從而使這些孩子得以順利升學。如果學校有這種專門的輔導教師，那麼這種方式具有良好的示範意義。社會中不乏社工、訪問教師，但是沒有前面提及的那種輔導教師。

在德國，沒有訪問教師制度，我們似乎並不怎麼需要這種教師，因為沒有人會比學校的任課教師更加了解孩子的真實情況，如果他們認真觀察情況，他們就會比其他人更加了解班級學生的實際情形。也許有人覺得，班級人數龐大，教師不可能仔細地了解每個學生，但如果教師從學生入學就開始觀察，很快地就能了解他們的生命風格，進而避免掉日後的許多困難；即使是班級人數再多，教師同樣也能做到。在兒童教育方面，了解孩子的情況，再對孩子進行教育要更加容易一些。一個班級學生數量龐大並不是一件好事，這種情形應該盡量避免，好在這並不是一個難以解決的問題。

從心理學的角度來說，教師沒有必要每年更換一次，或像有些學校是六個月換一次，教師最好能夠跟隨學生進入新的年級，如果一個教師能跟隨學生們兩年、三年，甚至四年，這對學生和教師而言都將大有裨益，因為這樣的話，教師就可以有機會密切地觀察和了解所有孩子，就可以了解並矯正孩子的生命風格中存在的錯誤。

接下來要討論學生跳級的情況。跳級對學生來說是否有好處，目前來說很難下定論。有些孩子因為跳級而對自己有著過高的期望，然而他們卻無法從中獲得滿足而感到挫折。只有那些年齡相較於同年級學生大的孩子，如果他們成績出色，倒是可以考慮讓他們跳級。還有那些由於成績不好而留級的學生，經過努力，不僅將功課追趕上來，還取得了優異成績的學生，也可以考慮讓他們跳級。我們不能因為學生成績優異，或者因為他見多識廣，而把跳級作為對他的一種獎賞。那些學習成績優異的學生，如果把時間投入到課餘愛好，例如繪畫、音樂等方面，對他來說更有好處，對整體班級來說也是一件好事，因為這對其他同學來說能夠起到激勵作用。將班上成績優異的學生抽走並非益事，有人說，我們總是要為那些成績優秀的學生提供發展空間，對此我們不能苟同。相反的，我們相信那些成績優秀的學生能夠帶動其他學生，整個班級才能取得更大的進步，他們是班級進步的「領頭羊」。

接下來研究學校裡兩種類型的班級——前段班和後段班，會注意到一個有趣的現象：我們會很驚訝地發現其實在前段班裡的有些學生，實際上智力沒有很高；反觀後段班的學生，並非像一般人想像的那樣頭腦不好，而是大部分的學生來自窮困的家庭，出生於窮困家庭的兒童就是帶著落後的惡名，其實真正的原因只是在於他們面對進入像學校這樣的新環境沒有做好準備而已。我們也能非常理解這種情況，這些家庭的父母，光是要應付生活就已經精疲力盡，哪有辦法再把精神花在小孩身上，或者本身也沒有受到太多教育去認識這類知識。這類學生只是欠缺心理準備，不該把他們放進後段班；對孩子來說，身處後段班是一種恥辱，會受到同儕的嘲諷。要照料這類的兒童，除了導入上述的輔導教師外，最好能夠提供社團，除了讓他們有地方去外，也能得到額外的教導。在社團裡，他們可以寫家庭作業、玩遊戲、讀本書等等；他們可以學習到勇氣，而不是跟後段班的學生在一起只會垂頭喪氣。像這樣的社團如果能結合一個比現有更大的遊樂場地時，還可以讓小孩遠離街頭，從而遠離壞影響。

## 結合兒童心理與教育

在討論社會教育實踐方式時，我們總會遇到男女同校的問題。原則上，我們是同意男女同校發展的，這是男孩和女孩增進了解的一種好辦法。不過，對於認可男女同校、並且可以任其自由發展的觀點，卻極其荒謬。

男女同校應該慎重考慮一些特殊問題，否則，這種教育方式是弊大於利的，例如，人們通常會無視這樣一個事實，那就是女孩在十六歲之前要比男孩發育得快，如果男孩不能正確地了解其中的事實，他們看到女孩發育迅速，心理就會失去平衡，因此這時候大部分男孩就會和女孩展開一場毫無意義的競爭。學校的管理者和任課教師都必須把這類情況納入考慮範圍中。

如果教師鼓勵男女同校的教育形式，並且對其存在的問題有所了解的話，那麼，男女同校就可以獲得成功；不過，如果教師不喜歡男女同校這種體制，會感到這是一種有負擔的教育體制，那麼，他們的教育必定會以失敗告終。

如果男女同校的制度管理不善，又缺乏對孩子們的正確引導和教育，自然就會出現關於性方面的問題。在第十二章，我們將詳細地討論關於性的問題，在這裡我們僅僅指出性教育問題極為複雜。

事實上，學校並不是對孩子傳授性教育的恰當場所，因為當教師在全班學生面前講解性教育知識時，他不能掌控某些學生的即時反應。當然，如果學生私下向教師請教這些問題，情況就不一樣了。如果女孩子詢問這方面的問題，教師應該給予正確的回答。

在偏離討論屬於教育管理範疇的問題之後，讓我們再回到教學的核心問題，透過了解學生的興趣和他們擅長的領域，我們就能找到適合他們的教育方法了。

成功會推進更多的成功，教育如此，人生的其他方面又何嘗不是這樣。也就是說，如果一個孩子在自己有興趣的學科取得了很大的成功，他會因此受到鼓舞，並試圖嘗試在其他學科做出努力。教師的職責之一就是，利用孩子當前取得的成功來鼓勵他們追求更廣的領域、更深的學問。學生本人並不清楚這個過程和方法，也不知道努力的方向與方法，這就像我們所有人從無知邁向有知時都會經歷的困惑一樣，此時我們一樣需要幫助。不過，教師知道該如何做，如果教育得當，他會發現學生也會對此表示理解並積極合作。

關於上面討論過的找出孩子有興趣的科目，同樣也適用於孩子的感覺器官，也就是說，我們應該了解孩子最擅長運用的感覺器官是哪個。有些孩子在視覺上受到過良好訓練；有些孩子的聽覺可能得到過更好的開發；還有一些可能在運動方面有過積極的培養。近年來，一種所謂的實作學校大行其道，這類學校奉行將科目教學與感官訓練結合在一起的教育原則。這些學校的成功也證明了充分開發孩子的感官興趣是有重要的意義。

如果教師發現一個孩子善用眼睛，是屬於視覺類型，他就應該清楚這孩子在有些科目上用視覺去學習會事半功倍，例如地理；在聽課時，孩子如果能充分利用他的眼睛而不是耳朵，他就會取得更好的效果。這只是教師面對特別的學生時，對其問題有洞察力的一個例子而已，還有其他許多類似這樣的洞察力，在教師第一眼看到小孩起，他就能夠知道了。

總而言之，教師是一個神聖的職業，理想的教師是孩子心靈的鑄造師，他們手中掌握著人類的前途。

不過，我們怎樣才能更容易地將理想變為現實呢？僅僅構建美好理想的教育是遠遠不夠的，我們還應該想辦法去實現理想。很久以前，我就在維也納開始尋找實現理想教育的方法，其結果就是在學校裡成立了教育諮詢診所。

建立教育諮詢診所的目的就是要應用現代心理學知識於教育制度上。診所請一位有能力的心理學家，不僅懂得心理學，也了解身為教育者的教師和父母的實際情況，他和教師們會協力合作，定期舉辦諮商門診。

教師們聚集在一起，每個人提出遇到的問題兒童的案例，問題兒童表現出的行為可能是懶惰、擾亂課堂秩序、偷竊等，再由教師描述一個具體案例，然後由心理學家根據自己的經驗和知識提出方法，並開始和大家一起進行討論，討論問題出現的原因、問題現狀的發展狀況，以及該如何應對這類問題，這需要對孩子的家庭背景和整個心理發展史加以分析，最後綜合每個人的資訊，針對每一個存在的問題得出一個能夠幫助孩子的具體做法。

孩子和母親會參與第二次諮商活動。在專家們先確定能夠影響母親的具體方式之後，先把母親召進諮商室單獨聊一聊，讓母親先聽取了孩子遭遇挫折的原因解釋，然後讓母親詳細講述孩子的情況，接下來由心理學家和她討論。

一般來說，母親看到有專業人士願意幫助她一起解決孩子的教育問題，都會樂於合作，但是如果這位母親的態度比較糟糕並顯示出敵意，那麼教師或者心理學家就要轉而向她介紹一些類似的案例，打消她的疑慮。

最後，確定了幫助孩子的具體方法之後，孩子就能與教師和心理學家見面了。心理學家和孩子談話，絕口不提他的錯誤，心理學家就像在課堂上課一樣，以一種孩子能理解的方式，客觀地分析他遇到的問題、產生問題的原因、導致他產生挫敗感的觀念和想法。心理學家向孩子展示，為何他總是遭受挫折而其他孩子卻能得到喜愛的原因，了解為何他對成功不抱希望。

這種諮商方法持續實施了大約十五年，在這方面接受過訓練的教師都非常滿意，他們也不想放棄堅持了四年、六年，甚至八年的工作。

在這種諮商活動中，孩子們得到了雙重收益：原來的問題兒童在心理諮商師的幫助下恢復了健康，他們懂得了如何與人合作，重新找到了自信與勇氣；那些沒有去過教育諮詢診所的學生也受益匪淺，當班級中某一個學生出現類似心理問題的跡象時，教師會提議讓孩子們對此展開討論。當然，這種討論一般會在教師的指導下進行，鼓勵孩子們參與其中，讓他們有各抒己見的機會。舉例來說，如果在班上發現有人表現懶惰，學生們可以討論懶惰的成因，在討論中得出結論、總結方法。雖然班裡有懶惰問題的孩子並不知道大家討論的就是他，但他仍會從眾人的討論中獲益良多。

以上簡短的描述顯示了把心理學和教育結合在一起的可能性，心理學和教育是同一現實的一體兩面，想要指導心靈，就需要了解心靈運作的原理。只有那些了解心靈及其運作的人，才可以運用他的知識把心靈導向更高、更遠的目標。

# 11

# 外在環境對兒童成長的影響

身為父母，我們的責任不僅僅是教育孩子讀書、寫字和計算，還應該為他們創造健康成長的心理環境和生活環境，這樣，孩子就不會比別人承受更大的困難。

# 環境對兒童心理的影響

個體心理學在心理和教育方面涵蓋甚廣，其中自然不能忽略外在環境的影響。過去所推崇的內省心理學太過狹隘，為了補充這種心理學的理論漏洞，德國心理學家馮特認為創建一種新的科學——社會心理學，迫在眉睫。但是，個體心理學家則認為沒有這個必要，因為個體心理學既關注個體的心理，也不會忽略社會心理的影響因素，它既不會只專注於個體心理，而將外在環境的影響因素置之度外，也不會只專注於環境因素而不考慮個體心理的重要性。

負有教育職責的人或教師都不應該將他自己視為孩子唯一的教育者，外在環境的影響也會衝擊孩子的心理，並直接或間接地塑造了兒童。間接的影響就是：外在環境影響了父母及其心理狀態，而父母的這種心態又影響了孩子的心理。外在影響是不可避免的，因此，個體心理學應該把這些因素納入考慮之中。

首先，所有的教育者都不能忽視經濟因素給兒童心理健康發展帶來的影響。例如，我們必須記住，有些家庭世世代代經濟窘迫，總是疲憊悲哀地為維持生計勞苦奔波。這種家庭終日生活在壓抑淒苦的環境之中，家長無法教育孩子對生活形成一種健康和樂於合作的態度。孩子的心理飽受生活的壓抑，總是受到經濟窘迫的困擾，這也決定了他們不可能產生與別人合作的心態。

另一方面，我們也應該知道，長期處於半饑餓狀態，或者惡劣的經濟環境中，都會對父母和孩子的生理產生不良影響，而且這種生理影響進而又會影響孩子的心理健康。我們可以從歐洲戰後出生的孩子身上看出這一點，與他們的長輩相比，他們的處境更加艱難。除了惡劣的經濟環境會對孩子的發展造成不良影響外，父母對孩子生理衛生的無知而給孩子帶來的影響同樣不容忽視，這種無知與父母在教育孩子方面表現出的膽怯、溺愛的態度是分不開的。父母溺愛孩子，害怕自己的孩子會吃苦，但有時他們又顯得粗心大意，例如，當他們看到孩子的脊椎彎曲變形，他們會覺得這是會隨著孩子年紀的增長而自然恢復的，他們沒有及時地醫治孩子。這當然是一個錯誤，因為在大城市裡並不缺乏醫療服務設施，如果孩子的身體器官有缺陷卻沒有得到及時矯正，那麼很可能會給孩子留下嚴重的疾病隱患，這些疾病也會給孩子造成極大的心理創傷。從個體心理學的角度來看，每種身體疾病都是心理上潛伏的危險，因此要盡量保護孩子，不要讓孩子身患疾病。

如果疾病造成的心理問題是不可避免，那麼我們可以透過培養兒童的勇氣和社會意識來應付這一難題。事實上可以這樣說，只有當孩子缺乏社會意識時，孩子的心理才會受到生理疾病的煩擾。如果孩子覺得自己屬於社會，是群體中的一部分，那麼，這個孩子心理上對生理疾病的防禦力，要遠遠強過那些飽受溺愛的孩子。

有的人認為孩子的心理問題是由身體疾病造成的，例如百日咳、腦炎、舞蹈症等等，然而身體疾病只是引出孩子原本不為人知的性格缺陷而已。患病期間，孩子會發覺自己有某種能力，可以掌控自己的家人，他看到父母臉上的焦慮不安，知道是在為他擔憂。病癒之後，他仍想繼續獲得家人的關注，並提出各種要求來擺布父母來達到這個目的。當然，這種情況一般只發生在那些缺乏社會意識訓練的孩子身上，他們不放過任何可以表現自我的機會。

然而有趣的是，疾病有時能夠改變孩子的性格。這裡有個關於一位教師的次子的案例，可以對此進行說明。這位教師曾經為這個孩子感到十分擔憂，卻又對他無可奈何。這個孩子不時地離家出走，他的成績在班上也墊底。有一天，他的父親出於無奈想要把他帶到寄養所進行教育，卻檢查出孩子患有髖關節結核，這種疾病需要得到父母無微不至的照料。當孩子病癒之後，家人發現他變成了家裡最聽話的孩子。這孩子所需要的就是父母的特別關心，在患病期間他如願以償了。他以前調皮搗蛋只是因為生活在才華出眾的哥哥的陰影之下，他想和哥哥一樣獲得家人的讚揚，因此他才持續地以各種叛逆舉動進行抗爭，想要獲得關注。但在患病之後，他發現自己也可以像哥哥一樣得到父母的喜愛，他因此變得十分聽話，表現良好。

還有一點需要特別注意：孩子患病的經歷常常會給他們留下難以磨滅的印象。孩子對於諸如危險的疾病和死亡等事情經常感到震驚，疾病留在孩子心裡的痕跡會在生活中表現出來。我們發現有些人對疾病和死亡產生了興趣，其中一部分的人找到了發揮興趣的正確之道，也就是說，有些人成了醫生或護士；但更多的人始終猶如驚弓之鳥，深受疾病帶來的陰影，造成他們心靈上的痛苦，嚴重妨礙了他們從事有益的工作。透過對上百名女孩的調查，其中將近一半的人承認，她們在生活中最大的恐懼就是對疾病和死亡的想像。

因此，父母要保護好自己的孩子，盡量避免他們受到疾病的影響。父母應該提前給孩子做好心理建設，盡可能地避免孩子受到疾病等突如其來的打擊，父母應該讓孩子知道：**每個人的生命都是有限的，重要的是活得有價值**。

孩子生活中的另一個難題就是跟陌生人、家庭的熟人或朋友的接觸。若說跟這群人在打交道過程中會有不良影響，是因為這些人對孩子並不是真正的感興趣，他們喜歡逗孩子開心，或和孩子做一些在短時間內就能給他們留下深刻印象的事情。他們盡情地讚美孩子，這會使孩子變得自負起來。在和孩子的短暫相處中，他們會對孩子寵愛至極，這一做法會給教育者對孩子的正常教育帶來麻煩。所有這些都應該避免、不應該讓陌生人干擾了父母對孩子的教育工作。

此外，陌生人通常還會搞混孩子的性別，他們稱小男孩為「美麗的小女孩」，或者稱小女孩為「漂亮的小男孩」。這種情況同樣應該盡量避免，其中的理由我們會在下一章詳細討論。

## 訓練兒童的合作能力

家庭環境對孩子的成長非常重要，因為孩子能夠由此看到家庭在社會生活中的參與程度，換句話說，家庭環境給予孩子關於人與人之間合作的最初印象。那些在封閉的家庭環境中長大的孩子，通常會嚴格地將家人和外人做出區分，在他們心中，有一條難以逾越的鴻溝將他們的家庭與社會隔絕開了，這類孩子總是對外界充滿敵意，而這種家庭不會增進與外部世界的社會關係，這會使孩子的疑心變得更重，還會造成孩子在社會交往中總是以自己的利益為主，如此也就無從發展孩子的社會意識。

當孩子三歲時，家長就應該鼓勵他們與其他小朋友一起玩耍，使他們逐漸消除對陌生人的恐懼。不然，孩子長大些再與陌生人接觸就會變得侷促不安、臉紅膽怯，甚至對其他人抱有敵意。這種情況通常出現在那些被溺愛的孩子身上，他們總是想著「排擠」別人。

父母如果能夠及早發現並矯正孩子的這些缺點，那麼，孩子長大後就能免去很多麻煩。如果一個孩子在三到四歲間受到良好的養育，家長總是積極鼓勵他和其他孩子一起遊戲，他自然而然就會形成集體意識，那麼，孩子在往後的交往中不僅不會侷促不安和以自我為中心，身體和心理也能得到健康發展，而那些生活封閉、不願意與人交往的孩子，很可能會患上精神官能症或神經錯亂。

在討論訓練兒童的合作能力這一話題時，我們不得不提到的是，家庭經濟變化對孩子的成長造成的不利影響。如果是原本富裕的家庭遭遇經濟變故，家道中落，尤其是在孩子年幼的時候，這種變故會讓孩子更加難以接受，因為他們已經習慣了原來優渥的生活，現在失去了那種優越的待遇，他們會十分懷念原來的生活。

如果原本經濟困頓的家庭一夜之間富足起來，也同樣會對孩子的成長產生不利影響。這時父母可能不懂得怎樣合理地運用金錢，尤其在對待孩子上他們可能會犯錯，他們覺得不必在金錢上對孩子吝嗇了，會盡可能地給孩子提供優越的生活，這也是在暴富家庭中常常會出現問題孩子的原因。

如果能夠恰當地訓練孩子的合作精神和能力，那麼上述的問題完全可以避免。不過，上述所有的外在影響，也像一道道敞開的門，孩子很容易藉此去逃避鍛鍊他們合作精神和能力的訓練，我們對此要特別留意。

## 家庭成員的不良行為

不僅外在的物質環境變化，例如貧窮或暴富會對孩子產生心理影響，不正常的精神環境也會對孩子的成長帶來困難。對此，我們首先想到的是由於家庭原因而導致別人的另眼相看，即家庭偏見。這種偏見大多是由家庭成員的不良行為招致的，例如，父親或母親在社會上曾經做過丟人現眼的事情，這會對孩子的心理造成很大的傷害，他會對未來充滿恐懼和擔憂，他時常躲避夥伴，害怕被人發現自己有那樣的父母親。

身為父母，我們的責任不僅僅是教育孩子讀書、寫字和計算，還應該為他們創造健康成長的心理環境，這樣，孩子就不會比其他孩子承受更大的困難。因此，如果父親整日酗酒或者脾氣暴烈，他應該意識到這將給孩子帶來怎樣的影響；如果父母的婚姻生活不幸福，他們整日爭吵，那麼最大的受害者其實是孩子。

這些童年的經歷會長久地留在孩子的心裡，印記難以磨滅。不過，如果孩子本來在童年有接受過如何與人合作的訓練，他當然能夠消除這些影響。但不幸的是，因為父母不良行為的關係，讓他無法從父母那裡訓練與人合作的能力，這也是近年來學校中兒童諮詢診所成為教育潮流的原因。如果父母因為某種原因未能履行好自己的職責，那麼，那些受過特殊心理培訓的教師就要接手這一工作，指導孩子走向健康的生活。

除了那些由於個人情況而招致的偏見外，還有源於國家、種族和宗教的偏見。我們總是能夠發現，這種偏見不僅傷害被侮辱的孩子，甚至也會傷害做出侮辱行為的孩子。後者會因此變得傲慢自負，他們會覺得自己優於別人，並且嘗試實現他們替自己建立的高標準，但他們都會以失敗告終。

這種民族之間和種族之間的偏見，一般都是引發戰爭的基本根源。如果想要將人類的發展引向進步和文明，就必須消除這種釀成禍端的偏見。教師的職責就是將戰爭爆發的根源解釋清楚，而不是縱容孩子通過舞刀弄槍來展示對優越感的渴望和追求，這不是為以後的文明生活應做的準備。許多孩子後來之所以投入到軍旅之中，是因為他們在小時候接受過軍事教育；除了這些加入軍旅生活中的孩子外，還有許多孩子會受到兒時廝殺打仗遊戲的影響，他們總像戰士那樣好勇鬥狠，永遠也學不會如何與人和睦相處。

在那些需要送給孩子禮物的節日裡，例如耶誕節，要精挑細選禮物的種類，父母應該盡量不要送給孩子玩弄刀槍這類玩具。

關於如何挑選合適的玩具，有很多可以討論的地方，有一條基本原則就是：我們應該挑選那些能夠激發孩子的合作意識、培養孩子創造能力的玩具。讓孩子自己動手製作玩具，自然要比那些現成的布娃娃、玩具狗這類玩具更有意義。順便說一下，我們還應該教育孩子尊重動物，將牠們視為人類的朋友，而不是玩具。我們應該告訴孩子不要害怕動物，但也不能凌虐牠們。如果孩子虐待動物，那麼他們很可能懷有控制欲或欺負弱小的傾向。如果家裡有小鳥、小狗和小貓等動物，我們應該教育孩子，這些動物和人一樣能感受到痛苦。或許我們可以將孩子與動物的和平相處視為是一種預備階段，有了這個準備，未來孩子在社會上才能夠與他人合作。

# 來自親戚的誤傷

孩子的成長總會接觸到自己的一些親戚，首先要提到的就是祖父母。如果我們能以客觀的態度來審視祖父母的境遇，我們會發現，在當代社會中，他們的境遇多少會染上一些悲劇色彩。隨著年歲的增長，他們本該有更多的時間充實自己，發展自己的興趣，但在我們的時代，情況卻恰恰相反。長者感到被社會拋棄，他們被放在無人問津的角落裡，這是一件非常遺憾的事，因為這些長者原本能做更多，如果他們還有機會為工作奮鬥，我想他們會快樂許多。所以，絕對不要勸阻六十歲、七十歲，或甚至八十歲的長者退休，持續在工作上打拚比改變一個人的生活計畫還容易些。不過由於錯誤的社會習慣，我們把尚有能力的長者晾到一邊，他們喪失了在工作上表現自己的機會後，這將造成什麼後果呢？我們對待長者的錯誤方法最後將殃及我們的孩子。祖父母因為受到冷落就會想辦法地證明自己依然對這個社會有用，為了證明這一點，他們總是干預父母對孩子的教育，對自己的孫子輩寵愛有加、呵護備至，他們想證明自己寶刀未老，依然懂得如何帶好小孩，只不過這些方法實在太糟糕了。

對於這些善良的長者，我們當然應該避免傷害他們的感情。這些長者應該得到更多的活動機會，但我們也應該旗幟鮮明地向他們表態，孩子是一個獨立的個體，而不是任何人的玩物，在任何時候，都不應該把他們捲入家庭的糾紛中。如果祖父母和孩子的家長有了爭執，無論贏或輸，都不要讓祖父母把小孩拉攏過去。

我們很常發現，那些患有心理疾病的孩子，大多數都曾經在祖父母那裡受到過分的寵愛，為什們這些孩子後來都患有心理疾病的原因，其實也就不難理解，因為祖父母對孩子的過分寵愛，要麼意味著溺愛縱容，要麼意味著挑起孩子間的相互競爭或嫉妒，很多孩子會對自己說：「我的爺爺最寵愛我。」這時，一旦他們在別人那裡不是最受寵的人，他們就會感覺受到了傷害。

還有一類親戚對孩子的成長同樣會產生深遠的影響，這就是「出色的堂兄弟姊妹們」，他們有時會給孩子的成長帶來一些麻煩。當人們提起他的堂兄弟姊妹多漂亮、多聰明時，很顯然這個孩子會因此感到苦惱。如果這個孩子具有相當的自信和社會意識時，那麼他可能會明白大人口中的「聰明」只不過意味著那個孩子得到了良好的訓練和準備，如此一來，他自己就會尋找達到那種水準的辦法。但是，如果這個孩子覺得聰明是天生的，那麼，他就會自愧不如，認為命運的安排是不公平的，這樣，他的整個成長過程就會受到阻礙。至於漂亮，一定是來自上天的饋贈，但是，它的價值卻被我們所處的社會文明誇大了。我們能夠從孩子的生活方式中窺探一二，孩子一想到自己的長相不如別人就感到深受其擾，這種情緒會對其心理健康的發展產生不利影響，甚至在二十年以後，人們依然能夠強烈地感到對漂亮的堂兄弟姊妹的羨慕之情。

想要消除孩子在成長過程中受到的這種因別人的美麗外表而造成的傷害，就應該教育孩子，一個人身體的健康和與人相處的能力，要比人的外在美更加重要。當然，沒人能否認外在美的價值，沒有人喜歡醜陋的外表，我們都希望得到美麗的容貌，但當我們在對生活進行合理的規畫時，我們就不能單獨將一種價值和其餘價值隔離開來，也沒有理由將某一種價值提升為最高目標，外在美也應作如是觀。一個人擁有美麗的容貌並不意味著就能過上理性從容的生活，有一個事實可以證明這一點。作奸犯科的人不乏相貌醜陋的人，但是也有很多容貌姣好的人。我們通常這麼解釋那些擁有美麗外表的孩子走上犯罪道路的原因：他們自恃美貌，受到很多人的喜歡，便以為自己從此可以不勞而獲，因此，他們缺乏對生活的準備，隨著時間的推移，他們發現，不經過努力就無法解決自己的問題，於是，就選擇了一條可以不勞而獲的路徑，即犯罪。正如詩人維吉爾所說，「通向地獄之路最為輕鬆」。

## 如何給孩子挑選讀物

我們應該給孩子閱讀什麼樣的書？童話故事應該如何處理才能給孩子閱讀？像《聖經》這類書應如何讓孩子閱讀理解？在這個話題上，人們常常會忽略這個事實：即孩子們理解事物的方式和成年人完全不同，他們對事物往往有著自己獨特的理解。如果孩子生性靦腆怯懦，他就會在《聖經》和童話故事中尋找認可他這一性格的故事，從此他會變得更加膽小。我們應該在童話故事和《聖經》的段落中加上評論和解釋，讓孩子理解故事的原意，而不是讓他在故事中只讀到自己的主觀臆測。

童話故事在孩子中很受歡迎，甚至成人也能從中受益，但是，有一點需要讓小孩有正確觀念的是：童話故事是有特定的時間和地點，跟現實是有距離感的。孩子通常很難理解其中的時代和文化差異，他們讀到的故事是作者在那個時代背景下完成的，而孩子並不會考慮這些不同。童話故事中總有一個王子出現，備受讚美和美化，他所有的性格總是以一種吸引人的方式描畫出來。這個情節當然在現實生活中並不存在，是一種虛構的理想，僅適合發生在某個遙遠的時代，而處在那個時代裡，人民要崇拜王子。所以我們應該向孩子解釋清楚這故事背後的事實，他們應該知道這些神奇的故事都是人為杜撰的，否則，孩子長大以後總是想要尋找簡單便捷的方法解決問題。例如，有人問一個十二歲的小男孩長大以後的理想時，他回答說：「我想成為一名萬能的魔法師。」

如果給童話故事配上註解和評論，那麼它就能夠成為激發孩子合作精神、擴展孩子視野的有效工具。而在電影方面，帶一歲小孩看電影是無傷大雅的，但隨著小孩長大，有些小孩會容易混淆電影與現實世界的分野。童話故事也是有相同的問題。因此，若帶四歲小孩去電影院看兒童故事改編的電影，就算過了幾年，他還是會相信在現實生活中有人會賣毒蘋果。很多小孩不能正確地了解電影要傳達的主題，或者只有淺薄的了解。這時就取決於父母，他們應負起解釋的責任，直到小孩能正確地了解為止。

報紙也是讓孩子成長的一種外在影響因素，不過不像書和電影，報紙不會讓兒童產生虛構與現實混淆之慮，報紙的受眾是成人，它不能反映孩子的視角和觀點。因此，應該避免孩子閱讀報紙。但是，有些地方有專門印製的兒童報紙，這無疑是一件好事。不過，對於那些沒有做好準備的兒童來說，一般的報紙往往只會帶來不正確的生活觀，孩子會以為我們的生活充滿了謀殺、犯罪和天災人禍。各種不幸事故的報導尤其令孩子感到沮喪和壓抑。我們在和成年人的談話中能夠得知，他們小時候對火災有著多麼深刻的恐懼，這種恐懼會久久盤據他們的心靈。

# 12

# 青春期和性教育

青春期是人成長中的一個重要過程。避免孩子在青春期製造麻煩的最好辦法，就是培養孩子與別人建立友誼，孩子與家庭成員之間、甚至與家庭成員之外的人都應該變成朋友。只有視青春期的孩子為朋友，並且真正同情、理解孩子的教師和父母，才能繼續發揮他們指導孩子的作用。

# 青春期——至關重要的時期

市場上描述青春期的圖書非常多，青春期這個主題的確非常重要，每個人在青春期這個階段的表現都各有差異。在班級中，我們發現有各種類型的孩子：有的積極上進，有的懈怠懶惰，有的整潔乾淨，有的邋遢凌亂，而有時候我們也會在成年人或甚至老年人身上發現，他們有些行為舉止看起來像青少年。以個體心理學來說，這發現並不意外，這只是代表著這些成人因故停留在某個成長階段罷了。個體心理學的理論認為，青春期是每個個體都要經歷的成長階段，我們並不覺得任何成長階段或環境，能夠徹底地改變一個人。可是青春期是個嶄新的階段，可視為是一種測試，它能真實地反映出個體在過去形成的性格特徵。

例如，有些孩子在兒童時期被家長看管得太嚴格了，他們無法表達自己的看法，也不能充分地展示自己。而青春期，這個在生理和心理上都是快速發展的時期，這個階段的孩子總覺得自己身上被套上了枷鎖，因而想要奮力掙脫，他們快速成長，人格穩定發展。但是，有些孩子卻停止了成長的腳步，他們對過去過分依戀，找不到正確成長的途徑，這類孩子喪失了對生活的信心，性格變得越來越內向。就他們的情況而言，這並不是被束縛的童年中被壓抑的能量，忽然在青春期間爆發出來的跡象，而是這些孩子在童年受到了溺愛，他們也因此對新生活缺乏準備。

在青春期，我們更能看出一個人的生命風格，因為這個階段更接近於成人時期。這時更能顯現出他對生活的態度，是否有與人交往的欲望，是否能成為社會的一分子，具有社群情懷去關懷他人。

有時候在青春期階段，社群情懷不但沒在某些孩子的心中缺席，反而還表現的過度誇張，這些處於青春期的孩子很難拿捏社群情懷的尺度，甚至會犧牲自己的利益成全別人。孩子的社群情懷過於強烈也會阻礙孩子的正常成長。我們知道，一個人如果真的想為別人服務，為公共事業奮鬥，他必須先把自己的事情做好，如果說貢獻是代表一切的話，他必須要有東西可以拿得出來。

我們還能看到，許多年齡在十四到二十歲的青少年喪失了社群情懷。他們十四歲便走出了校門，他們過早地與老同學和老朋友失去了接觸和聯繫，而新的人際關係又需要一定的時間才能建立起來。在這段時期內，他們和社會完全隔離開來。

接下來要討論的是職業問題。在青春期這個階段對工作的表現，能夠顯示出一個人的生命風格。有些青少年在這個時期開始變得獨立自主，工作表現良好，這說明他們正通往健康正確的道路上發展；而有些青少年卻不思進取，在青春期停止了成長，要麼找不到適合自己的工作，要麼頻繁地更換工作或者轉學。除此之外，他們整天無所事事，甚至壓根沒有想要去工作。

這些問題並不是在青春期才發生的，青春期階段只不過是讓過去遺留的問題得以顯現而已。如果有一個人能夠非常深入地了解一個孩子，他就能預測這孩子在青春期會有什麼樣的行為。因為在青春期之前，孩子是被看管、保護和限制著，可是到了青春期時，孩子會有更多機會、更加獨立自主地表達自我。

現在我們討論一下個體生活中的第三個問題：愛情和婚姻。我們能夠從青少年對這個問題的回答中，看出他的個性的哪些情況呢？問題的答案仍然與他青春期之前的生活密切相關，只不過這個答案在青春期強烈的心理活動下顯得更加清晰和準確。我們能夠發現，有些青少年在對待愛情的問題上應付自如，他們懂得浪漫、表現勇敢，然而無論是浪漫還是勇敢，他們的行為都是十分符合規範的。

但是有些青少年則身處另一種極端，他們羞於討論有關性的問題，就好像他們要上戰場了——也就是說更接近成年了——卻缺乏應有的裝備。青少年們在這個階段的個性表現，能夠幫助我們更準確地推測他們未來的生命風格。如此一來，我們就能知道該採取怎樣的措施，才能改變他們的未來。

如果一個青少年對異性表現出負面的態度，我們可以探究一下他過去的生活，往往能夠發現他在兒童時期經常表現得好勇鬥狠，他對父母偏愛其他兄弟姊妹，感到失落沮喪，於是他得出結論：他覺得自己應該勇往直前、傲慢無禮、抗拒所有和情感有關的事情，因此，他對待異性的態度是他童年經驗的體現。

## 青春期畫像

我們經常發現，很多青春期的孩子會有離家出走的想法，這是因為他們對自己的家庭環境感到不滿意，因此便尋找和家裡隔絕聯繫的機會。他們不想再接受家庭的扶持，但是這種扶持若能繼續下去，對孩子和父母雙方都有好處；否則，萬一孩子將來事情發展不順，而又缺少來自父母的幫助下，孩子會把這當作失敗的藉口。

在那些住在家裡的孩子身上，我們也發現有同樣的傾向。不過，這些孩子離開家庭的渴望沒有那麼強烈，但是他們不會放過每一個夜不歸宿的機會。顯然在夜間外出的誘惑力比白天更大，這比安靜地待在家裡能夠得到的樂趣不知道要多多少。這也是他們對家庭無聲的指控。他們在家裡感到拘謹和約束，總是不自在，因此，他們也沒有什麼表現自我的機會，更不可能發現自己的錯誤，而處於青春期的孩子正是自我表現欲望最強烈的時期。

與其他時期相比，許多青春期的孩子對失去別人的讚美會更加敏感。也許他們曾經是學校裡的好學生，得到了教師的寵愛和認可，然後他們忽然轉入了一所新的學校，或者進入一個新的社會環境、新職業；我們知道，很多學生並沒有把這種優秀的表現持續下去，他們似乎發生了很大的變化，但實際上，他們並沒有改變，只是在舊環境中沒有像新環境一樣顯現出他們真實的性格而已。

由此可知，要避免孩子在青春期製造麻煩的最好辦法，就是培養孩子與別人建立友誼。孩子與孩子之間應該成為朋友，孩子與家庭成員、甚至與家庭成員之外的人也應該成為好朋友。家人之間本就應該彼此信任；孩子也應該信任父母和教師。事實上，**只有那些一直視青春期的孩子為朋友，並且真正同情、理解孩子的教師和父母，才能繼續發揮他們指導孩子的作用**。除此之外的父母或教師若是想指導他們，都會毫無例外地被這些孩子拒之門外，因為孩子對他們毫無信任可言，甚至把他們當作外人或敵人。

我們發現，有些處於青春期的女孩會表現出對自己女性角色的厭惡，她們試圖模仿男孩的行為，模仿的方面往往是男孩的抽菸、喝酒、打群架等壞習性，這可能是因為模仿這些流於表面的行為要比模仿努力工作容易得多。這些女孩找藉口說，如果她們不模仿這些行為，那些男孩就不會對她們有興趣。

如果我們對青春期女孩子的這種男性傾慕深入分析，我們就會發現這些女孩在童年時期往往就不喜歡自己的女性角色。她們一直隱藏自己的反感情緒，直到青春期才表現出來。因此，觀察處於青春期的女孩的這種行為是非常重要的，因為我們可以由此發現她們將如何對待自己將來的性別角色。

身處青春期的男孩往往喜歡扮演英勇無畏、果敢自信的男人形象，但也有些男孩面對困難時望而怯步，他們對自己能夠成為一個真正的男人信心不足。如果他們在兒童時期對男性角色教育上準備不足，那麼在此時他們的這種缺陷將會暴露無遺。這些男孩顯得脂粉氣十足，他們甚至會模仿女孩的壞習慣——賣弄風情、忸怩作態。

在男孩的成長過程中，與這些極端女性化行為相對應的，是一些將男性特徵表現得太過的行為。他們學會喝酒，放縱慾望，甚至僅僅為了表現和炫耀他們的男子氣概而不惜犯罪。這些極端的表現常常出現在那些試圖取得優越感的男孩身上，他們渴望成為萬眾矚目的領導人物。這種類型的男孩儘管表面上表現得野心勃勃、肆無忌憚，但其內心非常脆弱。在美國我們就能找到一些臭名昭彰的例子，如希克曼、李奧波德與勒伯*。如果我們對他們的生活經歷稍作研究，就會發現，他們總在尋求一種毫不費力的生活，追求一種輕而易舉就能得到的成功。這類孩子雖然表面上看起來積極主動，但內心卻是缺乏勇氣的，這正是那些問題孩子兩者兼具的特徵。

我們還會發現，有的孩子第一次動手毆打父母的時間點往往是在青春期。那些不願意仔細探究孩子整體人格脈絡的人會感嘆孩子變了，但是如果我們回顧這個孩子之前的作為，就會發現孩子的性格並沒有發生變化，他們一直如此，只不過以前的條件還不充分，而他們在青春期已經具備了展現這種性格的能力而已。

值得我們關注的另一方面是，每個身處青春期的孩子都必須面對這樣的考驗：他必須證明自己不再是個孩子。這種考驗非常危險，如果分寸沒把握好，常常會為了證明自己而走得太遠、做得太過；青春期的孩子通常就是這樣的。

這的確是青春期的孩子所顯示出來的最重要的徵兆了。解決問題的方法就是向他們指出，這種證明是沒有意義的，我們不需要這種證明。這樣一來，我們也許能夠避免他們的這種過度表現。

我們還經常遇到這樣的女孩，她們在對待異性的問題上總是十分誇張，她們甚至對男孩表現出癡迷的樣子。這種女孩喜歡和她們的母親爭吵，總是感覺自己受到

*希克曼（William Edward Hickman）在一九二七年綁架了洛杉磯著名銀行家 Perry Parker 的十二歲女兒，後來被《洛杉磯時報》稱為一九二〇年代最可怕的罪行；李奧波德與勒伯案（Leopold and Loeb），於一九二四年因綁票謀殺一名十四歲的少年而被捕，在當時被稱為「世紀犯罪」，吸引大量犯罪學家與心理學者研究。

了母親的約束與壓制，她們為了惹母親生氣，可能會跟任何自己遇到的男人搭上關係。她們一想到母親會因此震驚憤怒的樣子，就得意萬分。很多青春期的女孩會和男性發生初次性行為，都是在和母親吵架或父親太嚴厲下離家出走時發生的。

具有諷刺意味的是，往往是那些家庭管教嚴格的女孩容易成為壞女孩。錯誤不在於這些女孩，而在於她們的父母，因為父母對人的心理缺乏洞察力，沒有幫助女兒為她們必然要遭遇的情境做好準備；他們對女兒呵護備至，把她保護得非常嚴密，但卻沒有培養她們的獨立性和分辨是非的能力，而這些能力又是提防青春期陷阱所必須擁有的。

對於有些女孩來說，這些問題並沒有出現在她們的青春期階段，而是出現在青春期之後的婚姻生活中，其中的道理是一樣的。這些女孩可能比較幸運，她們順利地度過了青春期，沒有遭遇那種不利的情境。但是，這種不利情境遲早會發生的，為此做好充分準備很有必要。

這裡我們可以拿一個正值青春期的女孩做例子。這個女孩十五歲，出身於一個非常貧窮的家庭，不幸的是，她還有一個生病的哥哥需要母親悉心照顧。因此，她在童年時期就注意到母親給予哥哥的關注要遠比給她的多。禍不單行，她出生時，父親也生病了，因此她的母親不得不同時照顧他們兩個人。她目睹了哥哥和爸爸都得到了母親的關愛，她對這種關心和照顧更加渴望了。但是不久，她的妹妹也出生了，她僅存的那一點關注也被剝奪了，這對她來說無疑是最糟糕的事情了。也許是命運的安排，她的妹妹出生以後，她父親的病就痊癒了，這樣一來，妹妹便比她在少兒時期得到了更多的寵愛，這一切都逃不過孩子的眼睛。

這個女孩為了彌補父母關愛的缺失，便在學校裡認真刻苦地學習，她也因此成了班上成績最好的學生，她成功地得到了教師的喜愛。但是當她進入中學之後，情況就發生了變化。因為新的教師對她不熟悉，也沒有格外地關注她，她學習就沒有那麼用功了，她的成績因此一落千丈。情況變得異常糟糕，她不僅得不到家人的關注，也得不到教師的關注。她只能尋找別的辦法，因此她在學校外面找到了一個喜歡她的男人，她和這個男人同居半個月之後，便被拋棄了。事情的發展趨勢是可以預料的，她已意識到這種關注並不是她想要的。此時，她的父母非常擔心她的處境，四處尋找她的下落，後來她的父母收到一封她寫的信，內容是：「我已經服毒了，不用擔心——我很幸福。」很顯然地，她在追求關注失敗後，想到的第一件事就是自殺。然而她沒有自殺，她只是想用自殺來嚇唬父母而已，並想透過這種方式獲得父母的原諒。她繼續在街上遊蕩，直到她的父母找到她後把她帶回家。

如果這個女孩能夠意識到，她的整個生活已經被別人對她的讚美所主宰，那麼這些事情都可能不會發生；而且如果她的中學教師能夠發現這個女孩只是想要多一點關注和讚美的話，那麼這一切也可能不會發生。只要我們在整個事件的任何一個環節採取了適當的措施，就不至於陷入這樣的境地。

## 掌握正確的性教育

有關性教育的問題被許多人過分誇大了，他們對於性教育問題的關注簡直到了喪失理智的地步。有人認為，應該在每個年齡階段都開展性教育，他們過分誇大了因為對性無知而造成的傷害。但是，當我們觀察自己和別人過去在性教育上的經歷時，我們並沒有發現存在如此巨大的危險。

個體心理學的經驗告訴我們，一個兩歲大的男孩應該清楚自己的性別角色，而且我們還應該告訴他性別是無法改變的，男孩長大會變成男人，女孩長大會變成女人。如果孩子已了解了這些，那麼就算他對這方面了解得不是很全面，也不會遭遇什麼危險。只要讓孩子認識到，女孩的教育不能以教育男孩的方式進行，男孩的教育也不能以教育女孩的方式進行，那麼他們就會形成固定的性別角色，他們也一定會以正常的方式去準備自己的性別角色。但是如果他認為性別是能夠通過某種力量得到改變的，那麼就會出現某些問題。同樣的，如果父母希望改變孩子的性別，也會出現一些問題，在《寂寞之井》（*The Well of Loneliness*）這本書裡，有精確的描寫這種情況。父母太常喜歡把女孩當成男孩來教育或者把男孩當成女孩來教育，他們會把孩子作異性的打扮，然後拍照起來。有時候會發生這種情況：女孩長得像男孩，結果周遭的人開始叫錯女孩的性別，因而引起很大的混亂，其實這一切都是可以避免的。

我們還應該避免貶低女性和鼓吹男性優越的論調，我們應該告訴自己的孩子，男孩和女孩是同等珍貴的。這一點很重要，這不僅能避免女孩產生自卑情結，也能避免給男孩帶來錯誤的認知。如果男孩受到了男性優越論的影響，那麼他們很可能會將女孩僅僅視為洩慾的工具。我們只有讓他們明白未來的責任，他們才不會以低級的眼光來看待兩性關係。

換句話說，性教育的關鍵並不在於向孩子解釋關於性的生理知識；而是要培養孩子正確的愛情觀和婚姻觀，這個問題和孩子的社群情懷是密切相關的。如果一個男人缺乏社群情懷，那麼他對性就會採取玩世不恭的態度，他看待所有關於性的問題都從滿足自己的私欲出發，這種情況屢見不鮮，這也是我們這個時代的缺陷。在這種文明的驅使下，女性成了最大的受害者，而男人則發揮主導作用。但實際上，男人也是受害者，他們會因為在這種文化價值驅使下產生的優越感，從而無法接觸人的內在價值。

關於性教育的生理知識方面，孩子沒有必要過早地接觸這些問題，我們完全可以等到他們開始對這些事情表現出好奇心的時候再告訴他們。如果孩子對於性方面的問題羞於啟齒，那麼，關注孩子需求的父母總會知道何時適合主動地告訴他們這方面的知識。如果孩子是以朋友的形式和父母相處的，他們就會主動詢問這方面的問題。當我們為孩子解答困惑的時候，我們應該運用孩子容易理解的方式，避免給予孩子那些刺激性的回答。

如果孩子明顯表現出性早熟的現象，我們也不必大驚小怪。事實上，孩子的性發育很早就開始了，在他們出生後的數週就有所顯現。嬰兒肯定也有性快樂的體驗，有時他們會故意刺激性的敏感區域，如果我們看到這種情況，不必驚慌失措，我們應該及時制止這種行為，但沒有必要小題大做。如果孩子意識到我們對此過分擔憂，他們往往會故意這麼做，以此來吸引我們的注意力。我們常常會對孩子的這種行為產生誤解，我們覺得他們性欲肆虐，而實際上，這只不過是他們把這個習慣當作炫耀的工具而已。年幼的孩子可能會透過玩弄自己的性器官來吸引父母的注意力，這和小孩裝病的心理是一樣的，因為他們發現生病會得到更多的寵愛和關心。

為了避免刺激孩子的身體，父母不宜對他們做太多親吻和擁抱的舉動，這對身處青春期的孩子尤其有不好的影響。我們也不應該在孩子面前過多地談論性的話題，以免從精神上刺激孩子的性意識。有時孩子會在爸爸的書房裡看到一些具有性暗示的圖片，在心理諮商室我們也常常遇到類似的案例，孩子們不應該接觸那些超越其年齡階段、涉及性的書籍，同樣也不應該帶孩子觀看性主題的影片。

如果我們能使孩子避免過早受到性刺激，那麼我們就沒有什麼可擔心的。我們只需要在恰當的時候給予他們簡單真實的解釋，不要招致他們的反感。我們不應該欺騙孩子，**如果孩子信任自己的父母，他就會信任父母對性的解釋**，這樣他就不會輕易相信在同伴那裡聽到的解釋——百分之九十的人都是從同伴那裡得到性知識的。家人之間互相信任、互相合作，與父母自以為是的敷衍相比要好很多。

如果孩子性經驗太多，或者過早地有了性生活，這些孩子在長大後往往會對性失去興趣，這也是要避免孩子看到父母做愛的原因。如果條件允許的話，孩子不應該和父母同在一個房間睡覺，更不應該睡在同一張床上，兄弟和姊妹也應該分房而睡，父母應該注意孩子們的行為是否恰當，也要留意外界環境對孩子的影響。

上述討論包括了性教育這一話題的幾個要點，**在這裡我們能夠看到，對孩子的性教育與其他教育毫無二致，關鍵就在於家庭成員之間的友愛與合作**。有了合作精神和早期性別角色的知識，有了男女平等的觀念，這樣一來，孩子長大後就有應付任何危險的能力。重要的是，他們已經做好準備，以積極陽光的心態去迎接未來人生的挑戰。

# 13

# 教育的失誤

教育者，不能因為自己所做的嘗試和努力沒有得到立竿見影的效果，就感到絕望悲觀，不能因為孩子垂頭喪氣、不思進取而產生挫敗感，當然也不應該追捧有關孩子有無天賦的說法。為了培養孩子積極堅定的精神意志，我們應該給予孩子更多的自信與勇氣。

# 了解孩子的壓力

教育者在教育孩子方面不能有半點的灰心喪氣；不能因為自己的嘗試和努力沒有得到立竿見影的效果，就感到絕望悲觀；不能因為孩子垂頭喪氣、不思進取而產生挫敗感；當然也不應該追捧有關於孩子有無天賦的說法。個體心理學認為，為了培養孩子積極堅定的精神意志，我們應該給予孩子更多的自信與勇氣，讓他們了解，這世上沒有不能克服的困難，困難存在的意義就是考驗我們的意志。一分耕耘未必總有一分收穫，有些案例顯示努力了卻很遺憾沒有回報。不過相形之下，依然有諸多成功的案例大大地彌補了這種遺憾。下面就是一個透過努力獲得回報的有趣案例。

案例的主角是一個讀六年級的十二歲男孩，他的成績並不理想，但他對此毫不在意。他以往的經歷非常不幸，因為患有佝僂病，直到三歲的時候才學會走路，快到四歲時，他只能說少量的單詞。四歲的時候，媽媽帶他去看心理醫生，醫生得出的結論是這孩子沒有辦法得到矯正，但是他的媽媽並不相信醫生的話，她把兒子送到了一所兒童指導機構，但孩子在那機構裡並沒有取得多少進步，對他的幫助不大。在他六歲的時候，開始了學校生活。在學校的頭兩年，因為家裡有額外的家教輔導才勉強通過了考試。後來，他勉強地讀完了三年級和四年級。

這個男孩在學校和在家的表現是這樣的：他在學校以懶惰聞名，他還經常抱怨自己無法集中注意力，上課總是恍神。他在學校無法與其他孩子好好相處，同學總是嘲笑他，他也經常表現出一副虛弱的樣子。男孩在學校裡只有一個朋友，他非常喜歡和這個朋友待在一起，他們時常在校園裡散步。他覺得其他同學都不太友善，很難相處。他的教師也經常抱怨，他既不擅長數學也不擅長寫作，但教師還是相信，他可以和其他孩子一樣在學習上取得成就。

從這個男孩過去的經歷和他的所作所為可以看出，對他的治療是建立在錯誤的診斷基礎之上的。這個男孩被自卑情結所折磨，在家裡他有一個哥哥，他的哥哥在學業上表現得很優秀，他的父母宣稱哥哥都不用唸書就可以進入中學。其實一般父母總愛在外面炫耀自己的孩子在學習上天賦極高、毫不費力，孩子也都喜歡這樣自我吹噓。事實上，這位哥哥可能在上課的時候非常專心，認真聽講，非常刻苦地學習，努力記住教師在課堂上講的所有知識，這樣他就不必在家裡花費太多時間學習也能取得不錯的成績，而那些在學校不夠專心的孩子，則不得不在家裡補習功課。

這個男孩和他哥哥的表現相差甚遠，以致他每天都生活在巨大的壓力之下。他感覺自己的能力不如哥哥，也覺得比起哥哥，自己毫無價值，或許他也常常在母親的口中聽到相似的評價，尤其是在母親對他發火的時候；他的哥哥可能也會這麼說，並且常嘲諷他是個白癡。媽媽也透露，如果他不順從哥哥，哥哥就會對他拳打腳踢。我們可以由男孩過去的經歷得出這樣的結論：他相信自己不如別人有價值。在現實生活中，他的表現和身邊人的態度似乎也印證了他的這種看法。同學們總是嘲笑他，他的學業依然沒有任何進展，上課時也無法集中注意力，每個問題都令他恐懼不已。他的教師也會這樣評價他：這個男孩沒有集體歸屬感和集體榮譽感。毫無疑問，男孩最終相信，他不可能越過當前的阻礙，甚至認可了別人對他的看法。一個孩子如此灰心喪氣，對未來不抱任何希望，實屬可憐又可悲。

## 重建孩子的人格系統

當我們試圖以一種輕鬆愉快的方式和他交流的時候，我們可以發現，他已經對自己完全喪失了信心。這並不是從他臉色蒼白、全身顫抖的表現中得出的結論，而是源於一個細節：當我們詢問他的年齡的時候（我們知道他已經十二歲），他小聲地回答說自己十一歲。這個錯誤並不是偶然的；我們曾經指出，這種錯誤有其內在原因。如果我們連結孩子過去的生活經歷，再思考他對年齡的回答，我們可以得出這樣的結論：他想試著重拾過去時光，他對過去念念不忘，因為那時的他更小、更弱、更需要別人的幫忙。

我們可以根據已經掌握的事實來重建他的人格系統。男孩並不想完成在他的這個年齡需要完成的任務，他覺得自己能力不如別人，沒有任何競爭優勢可言。他雖然認為自己是十一歲，但在某些特定的情境下，他的表現和一個五歲的孩子無異。他堅信自己不如別人，並用行為來驗證自己的想法。

這個男孩會在大白天尿床，甚至有大小便失禁的情況。根據研究，只有在嬰兒時期或是孩子想像自己在嬰兒時期才會出現這種情況。這一表現也正好能夠驗證我們的觀點——男孩迷戀過去，如果可能，他想回到被人悉心照料的嬰兒時期。

在男孩出生之前，家裡就有一個女家庭教師，她對男孩關懷備至，這個女教師有時充當母親的角色。我們知道男孩過去的生活是怎樣的，他喜歡賴床，在起床這件事上他要花費很長的時間，在訪談時，他的家人還帶著厭惡的情緒對此進行描述。我們對此得出的結論：孩子不喜歡上學。一個不能和同學好好相處、感覺自己不如別人的孩子，他的壓抑情緒可想而知，因此他是不可能對上學產生興趣的。

但是，女教師卻說他是想上學的，不久前他生病的時候，他還提出想上學的請求。這和我們上面得到的結論是矛盾的，所以我們應該問的問題是：「女教師怎麼會解讀錯孩子的意思呢？」其實，答案很簡單也很有趣。當孩子生病的時候，他會提出想上學的請求，但實際上他知道女教師會這樣回答他：「你生病了，所以不能去上學。」他的家人並不清楚男孩這種矛盾行為的真實意圖，因此也不知道該怎麼做。幾次觀察下來，我們也發現他的女家庭教師沒有足夠的能力去了解男孩的心。

後來發生一件事，讓家長馬上決定將他送到我們諮商診所來接受治療，原因是這個男孩拿著教師的錢去買糖果吃。這說明男孩還是會做出小孩子的舉動，因為拿錢去買糖吃是極其幼稚的行為。從心理學的角度來看，這種行為蘊含的意義是：「你必須悉心照顧我，不然我就會調皮搗蛋。」這個男孩之所以這麼做，其實是想引起別人的關注，他對自己沒有信心。如果我們對比一下他在家中和學校的所作所為，我們就可以清晰地看到兩者之間的關聯，在家裡他還能引起家人的注意，而在學校他卻屢屢失敗。但是，過去又有誰曾經試著矯正孩子的錯誤呢？

這個男孩在送到我們諮商診所之前，一直被認為是個落後、能力較差的孩子，其實他一點都不屬於這類型的兒童。一旦他重拾自信心，他完全是一個正常的小孩，可以跟同學一樣，完成學校的功課。過去他總是以一種消極悲觀的態度來看待每件事，他總是在事情進行之前就斷定自己不能成功，他的每個行為都印證了他缺乏自信。他的教師這樣評價他：「上課不能集中注意力，記憶力差，交不到朋友等。」他的沮喪是顯而易見，而處於這種對他不利的境地之中，想要讓他改變對自己的看法並非易事。

在他填完個體心理學問卷之後，我們又和他進行了溝通談話。除了男孩本人外，我們還和其他相關的人進行了交談。第一個相關人就是他的母親，他的母親對他已經不抱什麼希望，只想讓他能夠盡力讀完所有課程，然後隨便找一個能夠養活自己的工作；第二個相關人就是總是蔑視他的哥哥。

當我們詢問男孩「你長大想要幹什麼？」的時候，男孩並沒有對此做出回答。這一點很重要，一個即將步入成人階段的孩子不知道自己想要幹什麼，這多少有點問題。雖然很多人在長大之後並沒有從事他們在兒童時期所嚮往的職業，但至少他們曾經受到這些職業的牽引。在年齡更小的時候，小孩總是想著長大要當司機、看守員、列車長或者是任何一種，在小孩眼中會是有吸引力的職業。一個孩子如果對未來沒有任何規畫，我們會認為他還沒有將注意力從過去轉向未來，這就意味著，他迴避未來以及和未來有關的所有話題。

這就和個體心理學的一個基本原則相背離了。個體心理學家一直強調的一件事就是——所有兒童都有追求優越感的欲望。這一理論認定每個孩子都想發展自己，使自己變得更強大、更想要有所成就。但這個案例中的男孩所表現出來的卻是完全和我們理論相反；他想要走回頭路，想要回到小時候，希望獲得別人的關心和幫助。我們又該如何解釋這種現象呢？心智世界的活動並不是純粹、簡單的，它有著非常複雜的背景，如果我們對複雜的案例做出簡單的結論，我們就會出錯。所有的複雜案例都可能存在令人迷惑的事實，假設我們不能全面地看待這個男孩的情況，只用辯證法來看到事情的另一面時，可能會覺得困惑。案例中的這個男孩渴望回到過去，只有在過去的環境裡他反而覺得最安全、最可能使自己變得強大。然而實際上，這類孩子的荒誕做法確實也存在著合理之處。這類孩子只有在他們年幼弱小的時候才覺得自己最強大、最具支配力，那時他們不需要任何東西。現在這個男孩既然缺乏自信，害怕自己一事無成，那麼，我們還能期望他對未來抱有希望並為之努力奮鬥嗎？現今的他會逃避所有能夠檢驗他能力的場景，而剩下的活動範圍就非常有限。如此一來，我們就能理解他為什麼想回到過去，雖然他現在尋求的認可只剩下一小部分，但這種認可是在當他還是年幼無助、依賴別人時所獲得的一樣。

我們除了要與男孩的教師、母親和哥哥溝通外，還要和男孩的父親及我們同事商談。這樣的諮商工作需要花費大量精力，但是如果我們能夠得到那位教師的幫助，那麼工作將容易很多，這並非不可能，但是的確不容易。很多教師依然墨守成規，認為心理實驗不是常規，而其中又有很多教師害怕心理實驗會讓他們喪失權力，或者把心理實驗視為是一種沒根據的干涉。當然，心理實驗不是這樣的。心理學是一門科學，沒有人可以一夕就學得會，一定要長時間去研究、去實踐。然而，對持有錯誤觀念的人來說，心理學的確毫無用處的。

寬容是我們需要具備的美德之一，對教師來說尤其如此。或許新的心理學觀念可能和長久以來所持有的看法互相矛盾，但對新觀念保持開放的態度才是明智的。不過，就目前的情勢來看，我們也沒有權力可以斷然地反駁孩子的老師。我們該如何解決男孩的問題呢？依據我們的經驗，我們可以將男孩從這種困境中抽離出來，也就是說，安排這個男孩轉學。這種方法不會給任何人帶來傷害，沒有人知道發生了什麼，但這樣卻能夠幫助孩子擺脫困境。當他進入新的學習環境之中，周圍的一切對他來說都是陌生的，他不必擔心再遭受別人的嘲笑。這是如何安排的並不容易解釋，而且家庭也扮演一個重要的角色。每個案例或許都要做一些微調整，不過，如果有很多教師能夠通曉個體心理學，並且以理解的心來看待這類的個案，那他們在學校就能夠對這類兒童有所助益了。

# 14

# 對父母的教育

實踐和勇氣是教育工作者必備的特質，無論發生任何情況，我們總有辦法來挽救孩子。我們在教育孩子時，應謹慎小心、深思熟慮和理性判斷，以冷靜的頭腦分析可能產生的效果，才能更有把握地取得預期的成果。另外，我們應該遵循一個原則，即教育宜早不宜晚。

## 善意的合作

我們曾在很多不同場合提到這本書是專門為家長和教師而寫的，本書闡述的是一種新的心理學，藉由這種獨到的見解，家長和教師可以窺探兒童的內心，因而獲益良多。我們並沒有特別區分孩子的成長和教育是受父母影響還是教師影響，關鍵在於他們是否得到了良好的教育。這裡的教育並不是指在學校接受的學科教育，而是人格發展的心理教育。儘管在孩子的教育方面，父母和教師都各自做出了貢獻——父母糾正學校教育的錯誤，教師則彌補家庭教育的不足。但在當今的社會經濟條件下，對孩子的教育，教師要負主要責任。這可能是因為家長對新型的教育理念並不敏感，而教師教育孩子是他們的職業責任，也是興趣所在。雖然父母的養育是必不可少的，但個體心理學強調學校應該傾注更多的力量來教育孩子。

在進行教育工作時，教師會不可避免地和父母產生矛盾，特別是當教師所糾正的孩子的偏差行為正是家庭教育的問題所在。如此一來，父母很容易認為教師是在指責自己的失職。那麼，在這種情況下，教師該如何處理與父母的關係呢？

教師應該把家長的問題當作一個心理問題來處理。如果家長看到以下的討論，請不要生氣，這裡毫無冒犯之意，這種討論只針對那些認識力不足、不夠明智的家長，然而這些家長已經成了教師在做教育工作時一定要面對的課題。

許多教師說過，跟問題兒童的父母打交道要比跟問題兒童本人打交道更加困難。這也說明，教師在和家長打交道時要運用策略和技巧。教師還應該要有這樣的認識：家長不必為孩子身上所出現的問題負責任。畢竟，父母並不善於運用專業的教育技巧指導孩子，他們只是按照約定俗成的方法來管教孩子。當他們接到學校的通知來處理孩子的問題時，他們已經會覺得像是自己犯了錯一樣，這種感覺也反映了他們的內疚心理，他們應該得到教師富有技巧的對待。教師應該安撫家長的情緒，使他們心平氣和、態度友好，此外，教師也應該向家長表現出善意和幫助的態度，以此得到家長對他們工作的支持。

即使我們有足夠的理由，我們也不應該責備家長。如果能讓他們和我們站在統一戰線上，說服他們改變態度與我們合作，用我們宣導的方法來教育孩子，那麼，我們的工作就能取到更好的成果。簡單粗暴地否定父母以往的教育方法於事無補，我們所要做的就是盡力使他們採取新的教育方法。**孩子不可能是一夕之間變壞的，總有一個演變的過程。一味地告訴父母他們哪裡做錯，只會冒犯他們，讓他們不願意合作而已**。家長對此並非沒有察覺，他們也會懷疑自己在教育過程中忽略了什麼，縱然我們也是這樣想，但是不能讓家長察覺到。此外，在和家長交流時不能生搬教條，即使是向他們提建議，也不應該用命令的口吻，而是應該盡可能地嘗試「或許」、「可能」或者「你可以嘗試一下」這樣的句子。即使我們知道他們錯在哪裡、要怎麼糾正，我們也不能貿然提出，以免給他們一種強迫的感覺。不言而喻，並不是所有教師都會使用這些技巧，更何況這些技巧也不是一下子就能運用自如。

有趣的是，富蘭克林在他的自傳中也曾表達了同樣的觀點。他寫道：「我的一個貴格會*朋友告訴我說，我平常總顯得自大，在每次對話中，不自覺地流露出驕傲的樣子，而當討論議題時，雖然我是對的一方，但總是還不滿意，反而會咄咄逼人，傲慢無禮。朋友並舉了幾個例子來讓我信服，於是我下定決心要改掉我這個既惡劣又愚蠢的行為，我把『謙虛』加在我的清單上，並賦予它更廣的意義。

「我不能吹噓說我在謙虛這方面做到了很多，不過因為表現謙虛讓我實在獲益良多。我給自己訂下規矩，絕不正面反駁別人的意見，也絕不直接肯定自己的觀點。在表達觀點時不允許自己運用『當然』、『毋庸置疑』等含有絕對意義的字眼，取而代之的是『我以為』、『我是這樣理解的』、『我想事情可能是這樣』、『目前在我看來』等表達的句子。當別人的觀點在我看來可能是錯誤的，我不再以反駁他人為樂，也不會馬上嘲諷他的主張。面對這種情形，我的回應是開始去觀察，他的觀點在有些情況下有其合理之處，不過在我看來，這種說法在當前這種情況下可能有點不同等等。如此一來，我馬上發現我的心念變了，我的態度也跟著轉變，而得到的好處是在那接下來的對話會進行得更加愉快。我表現得謙虛，別人則很快地就能接受我的意見，比較少去反對。當我錯的時候，我不會感到特別屈辱，而當我是對的時候，則能更容易贏得別人的贊同，放棄他們自己錯誤的論點。

「關於謙虛，我一開始覺得有點違背我的天性，很吃力，但最後變得非常容易，我也很習慣了。而且或許過去的五十年來，應該沒有人會再聽我講過任何教條

＊貴格會（Quaker）：是基督教新教的一個派別。

了吧？我想我應該將今天的成就（在我另一項個性『正直』之後），主要歸功於謙虛這個習慣。因為謙虛，當我提出建立新機構或改造舊機構的時候，人民都很看重我；因為謙虛，我在議會也有很大的影響力，不然我其實不是個好的演說家，沒有口若懸河，敗在常因為選字而猶豫不決，所用的語言也不夠正確，但是我總能傳達出我的觀點。

「事實上，或許我們的天性中最難克服的就是驕傲了。我們掩飾它、對抗它、打倒它、阻止它、盡量克制它，驕傲依然存在，偶爾會探出頭，表現出來，你或許還是會常常看到它。甚至正當我假設我已經完全克服驕傲之後，其實當下我即為我的謙虛感到『驕傲』。」

的確，實際生活中，這些口氣較和緩的話語並不一定適用於所有情況，其實有時候我們並不期望或者也不要求一定要說出來，但富蘭克林的這一番經歷可以說明，盛氣凌人、咄咄逼人的做法是不合時宜和徒勞無益的。生活中不存在適用於所有情況的基本定律，有些規則明明好好地適用，但突然間就不適用了。我們不能否認，生活中確實有需要措辭強烈的時候，但是，如果我們能夠體察到那些家長已經心存羞愧並為自己的孩子憂心忡忡，而且可能還要為自己孩子的問題再次蒙羞的情況下，我們就不會對他們疾言厲色了。又或者我們認識到，如果沒有家長的合作，我們的教育就一無所成，就算是為了幫助孩子，我們也應該採取富蘭克林的方法。

## 正面管教

證明自己教育方法有多正確或多優越是沒有意義的，主要目的還是希望能對孩子有所幫助，在此過程中我們必然會遇到需要克服的困難。許多家長聽不進任何建議，他們會感到吃驚或生氣，甚至會表現出不友好的態度，因為教師把他們和他們的孩子置於一種令人不快的境地。這種家長很可能會閉塞視聽、逃避現實，但是他們現在卻被迫去面對現實，這對他們來講確實是一件不愉快的事情。由此不難想像，當教師心情急切或者情緒激動地向家長談起孩子的問題時，他們將很難得到家長的支持。甚至有些家長會採取更加極端的行為，他們會對教師大發雷霆，然後轉身離去。此時最好的辦法就是，教師向家長表明，他們的教育工作少不了家長的配合，然後引導家長的情緒，使他們能夠態度友好，心平氣和地交流。我們不要忘記，很多家長太過墨守成規，自然很難從傳統的束縛中掙脫出來。

例如，如果一個父親十年來都是以嚴詞厲色的方式教育孩子的，那麼想讓他在朝夕之間轉換態度幾乎是不可能的。我們可以推測，即使這位父親真的變得友好、慈愛，他的孩子也不會相信這種改變是真誠的，他會覺得這是父親的一種權宜之計，他要用很長的時間才會相信父親的這種轉變是真實的。這種情況在高級知識分子身上也同樣存在。一位任職中學校長的父親習慣性地對自己的兒子橫加批評與指責，幾乎把孩子逼到崩潰的邊緣。這位校長在和我們的談話中意識到了問題所在，但當他回到家以後，他還是對自己的孩子進行了一番言辭苛刻的說教。他發脾氣是因為孩子表現懶散，一旦孩子做出讓他不滿意的舉動，他就會對孩子大發脾氣，進行嚴厲刻薄的批評。如果在本身就是教育者身分的校長身上都會發生這種情況，那麼可想而知，對於那些從小就耳濡目染棍棒教育的人，要讓他們轉變態度實在是一件難事。因此，教師在和家長交流時應該運用言辭委婉、富有技巧的方法。

我們不要忘記，棍棒教育在底層社會是非常普遍的。所以，當孩子出現問題、在學校接受了談話矯正之後，回到家裡，等待他們的還有家長的棍棒。我們實在很難過，因為有不明智的家庭教育，造成我們學校多少次所做的努力都付之東流了。在這種情況下，孩子經常要為自己的同一個錯誤受到兩次懲罰，而在我們看來一次懲罰已經足夠。

這種雙重懲罰會給孩子帶來非常嚴重的負面影響。假如孩子不得不把自己糟糕的成績單交給父母，他往往會因為害怕受到父母的棍棒教育而不敢拿給父母簽名，不過又擔心沒有簽名會受到學校處罰，導致他因此翹課，或甚至在成績單上偽造父母的簽字。對於這些看似微不足道的小事，我們不能掉以輕心。我們要結合孩子的處境來考慮孩子的問題，我們要問問自己這些問題：如果我們一意孤行，會產生什麼後果？孩子對此會受到怎樣的影響？對於我們的所作所為，我們有把握能帶給會給孩子積極有益的影響嗎？孩子有足夠的能力承受我們帶給他的壓力嗎？他真的能夠從中獲得有建設性的收穫嗎？

孩子和成人在困難面前的表現會有所不同。我們在教育孩子時，應謹慎行事，在我們試圖重塑孩子的生活模式之前，我們應該以冷靜的頭腦分析可能產生的效果。只有那些在從事兒童教育工作中能夠進行深思熟慮和理性判斷的人，才能更有把握取得預期的成果。實踐和勇氣是教育工作者身上必備的特質，此外，還需要具備一個堅不可摧的信念，那就是無論發生任何情況，我們總有辦法避免讓孩子精神崩潰。首先，我們應該遵循這條古老卻是大家公認的規則：即教育永不嫌早。有些人習慣只單獨看待問題本身，孩子的缺點一出現，馬上以嚴格的機制去處理，例如：孩子沒有完成功課時，馬上寫紙條給家長；相形之下，那些將孩子視為一個整體並將孩子的問題視為整體中的一部分的人，則更能理解和幫助孩子。

我們正在進入這樣一個時代：新的觀念、方法和理解會在兒童教育領域不斷出現。在科學的指引下，那些陳舊的教育習俗和傳統正逐漸被淘汰。新知識的出現加重了教師的責任，他們也因此對兒童出現的問題了解得更加深入，這同時也賦予了他們更多的能力去幫助這些孩子。關鍵是，我們對孩子行為的研究一旦脫離了整體的人格，將會變得毫無意義，我們只有將孩子的行為與他的整體人格連結在一起，才能明白他這個行為的真正意義。

# 附錄

附錄①

# 個體心理問卷

本問卷供理解和矯治問題兒童之用，由國際個體心理學家協會擬定。

Q：引起孩子出現問題的原因是何時出現的？當孩子初次暴露出問題時，他處於怎樣的情境（心理的以及其他的）？

**A：可以參考的重要情境有：環境改變、入學、家庭中新生兒的誕生、手足情況、在學校遭遇了失敗和挫折、更換教師、轉校、新朋友、孩子生病、父母離婚、父母再婚、父母死亡。**

Q：孩子在問題出現之前，是否曾出現過了一些反映特殊心理或者生理缺陷的特點？例如：孩子在吃飯、穿衣、洗澡、睡覺的時候是否表現出膽怯、大意、冷淡、笨拙、嫉妒、羨慕、依賴別人等心理特點？孩子是否害怕黑暗或者獨處？他是否理解自己的性別角色？他是否理解第一性徵、第二性徵或第三性徵？孩子是如何看待異性的？他對自己的性別角色了解多少？他在家庭中的角色是繼子、私生子、養子還是孤兒？養父母如何教育他？與親生父母有聯絡嗎？他是否在合理的時期學會說話和走路？學習的過程有沒有遇到困難？有正常的乳牙時期？在學習閱讀、寫字、唱歌、游泳時，孩子是否表現得格外吃力？孩子是否表現出特別依戀父親、母親、祖父母或保母？

**A：關鍵要確定孩子對環境是否充滿敵意，找到他產生自卑心理的根源；確認孩子是否有逃避困難的傾向，或者是表現出自我中心主義和有著過分敏感的性格特徵。**

Q：孩子經常製造出許多麻煩嗎？他最害怕什麼？他最懼怕誰？他在晚上睡覺時候是否哭喊？他會不會尿床？他在面對比他弱小的孩子時，是否會頤指氣使？而面對比他強壯的小孩也是如此嗎？他有沒有想和父母同睡一張床？他是否舉止笨拙？他是否患過佝僂病？他的智力水準如何？他是否經常遭受別人的戲弄或嘲笑？他在髮型、服飾、鞋襪等方面是否表現出虛榮心？他有咬指甲或挖鼻孔的習慣嗎？他吃東西的時候是否表現出一副貪心的模樣？

**A：了解孩子是否有自信心去追求優越感，了解孩子的固執是否阻礙了他自己聽從本身的意願行事，這對我們來說具有很大的啟發意義。**

Q：孩子在交友方面有困難嗎？他對待人或者動物是否富有愛心和同情心？或是粗暴和折磨？他喜歡收藏物品還是只是囤積而已？他對待自己的收藏品

是否表現得吝嗇和貪婪？他是樂於領導和指揮別人，還是更傾向於獨處？

**A：這些問題可以檢驗孩子的人際交往能力和信心程度。**

Q：結合以上所有問題的回答，考察孩子目前的情況：他在學校表現如何？他是否喜歡學校？他上學是否準時？他上學前是否情緒激動？是否總是慌忙倉促趕著上學？他經常丟失書本、書包和練習本嗎？他在參加考試之前，是否激動緊張？他是否經常忘記做作業或者拒絕做作業？他在做作業時是否浪費時間？他懶惰嗎？他上課時能否集中注意力？他擾亂課堂紀律嗎？他如何看待教師？他對教師是挑剔、傲慢還是冷漠的態度？在學習上，他是主動請教別人，還是被動等待別人的幫助？他是否在體育項目上懷有雄心？他認為自己跟同學相比是較沒天賦的，還是完全沒天賦？他閱讀的領域廣泛嗎？他對哪種形式的讀物有興趣？

A：這些問題幫助我們理解孩子對學校生活是否有做好準備，幫助我們理解他們經歷學校這個新環境考驗的結果及其面對困難的態度。

Q：我們應該了解孩子所處的家庭情況，其中包括家庭成員的疾病狀況，家庭成員中是否有人酗酒，是否有犯罪傾向，是否患有精神官能症，是否體質孱弱，是否患有梅毒、癲癇病等？家庭中是否有人死亡，死亡發生的時候孩子多大？家庭的氣氛如何？父母對孩子的教育是否嚴苛？家長對孩子是挑剔抱怨，還是溺愛無度？家庭的影響是否造成了孩子對生活心懷恐懼？家人對孩子的監管情況如何？

A：透過知道孩子在家中的排行和對待家庭的態度，我們可以判斷孩子在家庭環境中所受到的影響。

Q：孩子在家庭中的排行：他是家庭的長子、么子、獨生子還是獨生女？兄弟姊妹之間是否存在競爭？孩子是否常常哭鬧，是否有惡意嘲笑的行為？孩子是否有貶損別人的強烈傾向？

A：這些問題對於我們研究孩子的性格有著重要的意義，這些能夠幫助我們了解孩子對待別人的態度。

Q：孩子對選擇職業已有概念嗎？他如何看待婚姻？家庭其他成員從事什麼職業？父母的婚姻生活的滿意度如何？

A：透過這些問題，我們可以得出結論，知道孩子是否對未來充滿勇氣和信心。

Q：孩子最喜歡的是什麼遊戲、故事？在歷史或小說中最喜歡的人物？他是否喜歡破壞別人的遊戲？他是否具有想像力？他是否喜歡冷靜思考？他有做白日夢的行為嗎？

**A：透過這些問題，我們能夠看出孩子是否傾向於在生活中扮演一個英雄角色。如果沒有這種傾向，那就表明孩子缺乏勇氣和信心。**

Q：孩子有哪些早期的記憶？他是否做一些諸如飛行、高空墜落、四肢無力和追趕不上火車、焦慮的夢，這些夢是否印象深刻或週期性地出現？

**A：透過對以上問題的研究，我們可以發現孩子是否有孤立自閉的傾向，他是常受到警告要小心謹慎還是雄心勃勃，由此還能了解到他是否對特定的人**

或生活方式有所偏好。

Q：孩子在哪些方面表現得灰心喪氣？他認為自己被別人忽視了嗎？他如何對待別人的關注和讚美？他有沒有迷信的觀念？他是否會迴避困難？他是否對所有事情都只有三分鐘熱度？他對未來有不確定感嗎？他是否相信遺傳的不良影響？他所處的環境是否讓他沮喪洩氣？他對生活都抱持悲觀態度嗎？

**A：這些問題的回答可以幫助我們確定孩子是否已經對自己喪失了信心，是否選擇了一條錯誤的道路。**

Q：孩子是否愛耍花招？他有沒有一些壞習慣，諸如扮鬼臉、裝傻充愣、耍小孩子脾氣、做出古怪滑稽的動作？

A：**孩子在這些方面會表現出些許的勇氣，以達到吸引別人注意的目的。**

Q：孩子是否有語言缺陷？他長相是否不好看？他是否有畸形足、O型腿、X型腿？他是否身材矮小還是特別高挑，或者特別肥胖？他的身體比例是否協調？他的眼睛或耳朵是否正常？他是否智力遲緩？他是左撇子嗎？晚上睡覺會不會打呼？長相是否格外好看？

A：**孩子通常會誇大以上所說的不足或缺陷，以此作為喪失信心的藉口。那些長相好看的孩子也經常在成長過程中出現問題，因為他們認為自己不需努**

力就能獲得一切。這類孩子會錯過很多鍛鍊自己應對生活的機會。

Q：他是否會經常談及自己能力不如別人，埋怨自己在學習、工作和生活上「缺乏天賦」？他是否有過自殺的念頭？他的失敗和製造麻煩之間是否在時間點上存在著關聯？他是否太過看重表面上的成功？他是卑躬屈膝、執拗頑固還是桀驁不馴？

A：這些問題能看出他在極度失望、氣餒下的表現。當孩子無法走出困境的時候，這些表現會變得尤為明顯。他的失敗原因有可能是努力無果，或者是由於對交往的人缺乏了解之故。但無論如何，他都要滿足自己對優越感的追求，因此他就將注意力轉向那些較容易獲得優越感的方面。

Q：找出孩子取得成功的事例。

**A：這些成功的事例會給我們重要的啟示。因為我們或許可以藉此看到孩子的興趣、愛好和所做的準備，有可能顯示出與孩子一直以來在努力的方向截然相反的情形。**

在實際操作中，以上這些問題不宜以一種固定不變、照章行事的順序向孩子提出來，而是自然而然地在談話中提出。根據孩子對上述問題的回答，我們可以正確地理解和把握孩子的個性。我們將會發現，錯誤並不能透過辯護而合理化，但是變得可以想像的到也較能理解了。我們應該耐心友善地向孩子解釋他們在問卷中揭露出來的問題，而不是威懾孩子或是說些攻擊性的話語。

附錄②

# 五個孩子的個案及其評論

心理學的目的在於了解一個人應該怎樣運用自己的印象和經驗。換而言之，心理學家試圖了解孩子的整套知覺系統——了解孩子面對刺激會做出怎樣的反應；了解孩子如何看待受到的刺激；了解孩子如何利用刺激來實現自己的目標。

## 案例一

這個案例的主角是個十五歲的小男孩，他是家裡唯一的男孩。他的父母很勤懇地工作，家庭條件還算富足。父母給予孩子無微不至的照顧以確保他能健康地成長，因此，孩子的早年生活是快樂而健康的。他的媽媽是個善良的女人，但是比較愛哭，她說起自己孩子的事情來斷斷續續，聽起來很吃力。我們對孩子的父親不是很了解，據母親透露，孩子的父親是一個誠實且精力旺盛的人，他非常看重家庭，對自己也很有信心。當男孩還很小的時候，如果他不聽話，他爸爸就會說：「如果我們現在不逼他就範，將來他就會變本加厲。」所謂「逼他就範」並不是諄諄教誨，而是每當孩子做錯什麼事，他就打罵孩子以作為懲罰。如此一來，這個孩子在很小的時候就有反抗意識，主要表現在他想成為家裡發號施令的人。擁有這種渴望的孩子大多是那些被寵壞的獨生子，這種孩子在很小的時候就表現出了一種強烈的反抗意識。具體表現為，只要父親不舉起手中的鞭子，他就不會服從。

我們在這裡稍作分析，了解一下孩子最鮮明的性格特點——撒謊。他習慣用撒謊來逃避父親的懲罰。實際上，孩子的母親會來找我們，也是因為這個性格缺點。如今這個男孩已經十五歲了，但他的父母卻依然分不清這個孩子說的是實話還是謊話。透過了解我們得知，這個孩子曾有過一段在教會學校讀書的經歷，那裡的教師也經常抱怨這個男孩不服管教，擾亂課堂秩序。很多時候，教師在向其他同學提問時，他卻大聲說出答案；在教師講課的時候，他會打斷教師提問題；又或者在上課時和同學大聲說話。他是個左撇子，因此他的作業字跡潦草難以辨認。最後，他的行為越來越讓人難以忍受，只要他一害怕父親的處罰，他的撒謊就很明顯。起初，他的父親還期望他留在學校完成學業，可是過了不久，學校就通知他的父母來辦理退學，因為他的教師覺得這個孩子實在無可救藥了。

這個孩子看上去很活躍，智力也屬於良好的範疇，他完成公立小學的學制後，就要參加升入初中的考試。考完試以後，他對在考場外一直焦急等待的母親說，他的考試通過了。他的家人都很高興，為此還在夏天一起去鄉村度了假，男孩也常提及中學的事。後來學校開學了，他每天早上背著書包去上學，中午回到家裡吃飯。但是有一天，吃完午餐，他的母親送他上學陪他走了一段路，她聽到有個人在說：「那不是早晨給我帶路去車站的孩子嗎？」他母親問孩子這個人說的是什麼意思，他上午是不是翹課了。他解釋說學校上午十點就放學了，那個人向他問路，他就直接將他帶到了車站。他的母親並不相信他的解釋，並將這件事告訴了他的父親，他的父親決定第二天陪他一起上學。在一起去學校的路上，他父親不斷地詢問，後來發現孩子並沒有通過入學考試，他自然也從來沒有去學校上過課，只是一直在路上閒逛而已。

後來他的父親給他請了一個家教，最終孩子通過了入學考試。但在入學以後，這個孩子的行為絲毫沒有改善，他一如既往地擾亂課堂秩序，還染上了偷竊的惡性。他偷了母親的錢，卻抵死不認，直到他的家人威脅他要把他交給員警處理，他才承認了這件事。這個案例接下來則變成了一齣忽視孩子教育的悲劇。這個曾經驕傲地認為自己可以「逼他就範」的父親，現在則將孩子視為無可救藥的人，他們對孩子的懲罰是：讓他獨自一人，不再理他，不和他說話，也不關注他，這對父母倒是聲明沒有再打他了。

在回答孩子什麼時候開始出現問題時，他的母親說：「從他出生開始。」當我們聽到這樣的回答，經驗告訴我們，母親的言外之意就是，既然父母已經對孩子嘗試了各式各樣的方法，卻依然不能糾正孩子的錯誤，那麼這個孩子的惡劣品行一定是與生俱來的。

「這個男孩在他嬰兒時期經常表現得十分煩躁，他不論白天黑夜都在啼哭吵鬧，但是看過的醫生都認爲孩子很正常，身體也很健康。」

然而情況卻沒有看上去那麼簡單，嬰兒啼哭確實屬於正常現象，但其原因卻是各式各樣的。這個案例中的男孩是家裡的獨生子，他的母親可能缺乏這方面的經驗，孩子啼哭通常是因為尿布濕了，但是他的母親卻沒注意到。當男孩在哭的時候，他的母親做了什麼？她將他抱起來，來回地搖晃，餵他喝奶。她應該找出孩子啼哭的真正原因，其實只要給孩子換張尿布，讓他感覺舒適後就不用太關注他，他自然就不會再哭了，否則也不會像現在這樣給他留下不良影響。

據他的母親說，男孩在正常的年齡毫無壓力地學會了說話和走路，牙齒的發育也非常正常。雖然孩子經常會毀壞玩具，但這並不意味著孩子的品行不好。值得注意的是，他的母親說：「孩子無法單獨玩耍，哪怕一分鐘也不行。」那麼，母親應該如何訓練孩子單獨玩耍呢？方法只有一個，那就是給孩子單獨玩耍的時間。在孩子玩耍的時候不要頻繁地干擾他，讓他學會獨處。我們懷疑這個母親並沒有這麼做，她的一些言論也證明了這一點。例如，孩子非常依戀她，總是讓她忙個不停等。孩子渴望得到母親的寵愛，這也是留在他心靈裡最早的印記。

「孩子從來沒有單獨一個人待著。」

他的母親這麼說，顯然是一種自我辯護。

「他從來沒有一個人獨處過，直到今天，他也不願意一個人待著，哪怕只有一小時而已。在晚上他也不曾獨處過，更遑論深夜，也從沒放他一個人過。」

這證明了孩子與母親的聯繫是相當的緊密，且極度依賴母親。

「他從不曾害怕什麼，到現在也不知道害怕爲何物。」

這似乎與心理學常識矛盾，因為這一結論與我們的研究發現不相符合。不過進行深入考察，我們就會發現，因為孩子從來沒有一個人獨處過，所以他完全沒有害怕的必要。對這種孩子來說，害怕就是迫使別人和他在一起的手段，如此他就沒有害怕的理由，但如果讓他一個人獨處，他的害怕情緒將會無所遁形。下面是另一個聽起來有點矛盾的陳述。

「他特別害怕父親的鞭子。以此看來，他也確實有感到害怕的時候，但當他受了一頓鞭打之後，他會很快就忘了這碼事，重新變得快樂起來，就算有時候他被父親鞭打得很厲害，他也能很快地恢復過來。」

我們在這裡能夠看到父母對待他的強烈對比，而這對比何其不幸：母親事事遷就孩子；而他的父親則對他異常嚴格，試圖校正母親的軟弱溫柔。父親的嚴厲苛刻會把孩子推向母親那一邊去。換句話說，孩子會轉向那個寵愛、縱容他的人，他從母親那裡能夠輕而易舉地獲取所需。

孩子六歲的時候去教會學校讀書，這時他受到牧師的監護。那個時候就有人反映，這個孩子活潑好動、調皮淘氣和注意力不集中。常聽到的抱怨不是他的課業，而是他的行為，最明顯的是調皮搗蛋。對一個孩子來說，畢竟有什麼能夠比得上調皮搗蛋更能引起注意呢？這小孩想要別人關注他，他已經養成習慣去吸引母親的目光，而在學校這個更大的社交圈中，他也想要得到其他新成員的注意。當教師不了解他真正的意圖，可能會把這小孩特別挑出來訓斥或者嚴重警告他，希望可以藉此矯正他的行為。但這樣做，卻正中他的下懷。為了獲得關注，小孩付出的代價是被懲罰，但他也可能早就習以為常了。在家裡，他也受夠了挨打，不過他依然未曾改變。所以，我們怎能可以期望，在學校允許的這種較溫和的懲罰可以改變他？答案是不可能的。他願意屈身去學校，只是想成為眾人的焦點而已，他認為這個是作為去上學的補償。

他的父母為了改正孩子行為的錯誤，經常教導他必須在課堂上保持安靜，這樣才不會打擾別人。聽到這種陳腔濫調時，我們不禁懷疑這對父母是否還具備常識。實際上，孩子和成人一樣是非分明、明辨對錯，但是孩子更專注於他自己的事情，他想成為眾人的焦點，如果他保持安靜就達不到自己的目的，而透過努力來獲得關注則又太艱難。他既然有這樣的目標，我們就能夠為他的行為做出合理的解釋了。很明顯，父親的鞭打教育收效甚微，據母親說，一旦他的父親離開，孩子就依然如故。**體罰教育治標不治本，這雖然能讓他安靜一小會兒，卻不能從根本上改正他的錯誤。**

「他總是控制不了自己的情緒。」

很明顯，對於那些渴望得到別人關注的孩子來說，發脾氣是一種不錯的方法。我們知道，人們經常認為孩子發脾氣是一種手段，讓他可以達到目的。他們產生這種情緒是帶有目的性的。例如：一個孩子若想安靜地躺在沙發上，則他不需要發脾氣。所以，**發脾氣是一種指標，讓我們去猜測他心裡盤算的目的是什麼**。在這個案例中，男孩想要的就是引人關注。

「他習慣把家裡的各種東西帶到學校，然後換錢，再招待他的朋友們。他的父母發現這種情況後，每天上學之前都會先搜他的身。無奈之下他只能中止這種行爲，但他馬上又沉溺於擾亂課堂秩序、捉弄別人的樂趣之中。如果他的父親沒有嚴厲地懲罰他，恐怕至今他都難以改掉這一惡習。」

他熱衷於搞惡作劇的原因是渴望得到別人的關注，他的做法會觸怒教師，他想以此證明自己敢於挑戰學校制度。

「他的搗蛋頻率逐漸減少了，然而仍會不時地故態復萌，而且會變本加厲。最後，學校把他開除了。」

這也證實了我們之前所說的觀點。這個孩子努力想得到別人的認可，在這個過程中自然會遇到許多困難，他自己也能夠意識到這一點。除此之外，如果考慮到他還是個左撇子，我們就更能了解他的心理活動。可以想見，儘管他想逃避困難，但卻無處可逃，他沒有面對困難的信心，他越害怕困難，就越想證明自己的價值。他持續地挑戰學校的紀律與制度，直到學校把他開除。如果學校的教育目的就是不允許個別學生擾亂其他學生，那麼開除這個男孩無可厚非。不過，如果我們相信教育的目的是矯正孩子的缺點，那麼開除就不是那麼適宜的做法了。既然孩子能夠輕易地獲得母親的關注，那麼他就不需要在學校刻苦學習了。

有一件值得注意的事，在某次長假期間，一位教師建議父母把孩子送到一個兒童監管所，那裡的管理要比學校嚴格得多，但這次嘗試還是沒有什麼收穫。他的父母依然是孩子的主要監管人，孩子每週回家一次，對此他很高興，但是如果沒有允許他回家，他也不會表現得特別沮喪。這是很容易理解的，他想扮演男子漢的角色，想要監管所的小孩都認同他，而真正的男子漢並不十分介意被鞭打，不管事情發展到何種地步，他都不允許自己流淚，他不想做有違男子漢身分的事情。

「他的學習成績並不很差，因爲他一直得到家庭教師的輔導。」

從這一點我們可以得出結論，這個孩子缺乏獨立意識。教師說，這孩子如果能夠靜下來學習，他會取得更好的成績。我們相信這孩子能取得更好的成績，因為除非是智力有障礙的孩子，任何孩子都能透過努力取得好成績。

「他沒有繪畫的天分。」

這一點很重要，因為我們可以由此看出，他並沒有完全克服自己右手的笨拙。

「男孩的體操很好，他很快就學會了游泳，一點也不怕水。」

這表明他並未完全喪失勇氣，他只不過把自己的勇氣用在了那些不重要的事情上，因為他覺得這些事情做起來更得心應手，獲得成功的機會也更大一些。

「他沒有什麼害羞的心理，他跟任何人都能侃侃而談，無論對方是警衛還是校長。儘管他已經被多次警告不要如此魯莽唐突。」

我們知道，他從來不在乎人們明令禁止的事情，因此我們不能把他的這種肆無忌憚的行為當成勇敢的表現。大部分孩子都能意識到學校教師、管理人員與他們之間的距離。但這個孩子連父親的鞭打都不忌憚，自然也就不會害怕校長，為了顯示自己的重要性，他常常會傲慢無禮地講話，實際上，他也以此達到自己的目的了。

「他沒有明確地認識自己的性別角色，但是他經常告訴我，他不想當女生。」

這並沒有明確的跡象向我們表明他對自己的性別抱有何種態度，不過不難看出，和那些行為惡劣的孩子一樣，他有輕視女孩的傾向，並能夠從這種輕視中體會到一種作為男性的優越感。

「他沒有眞正的朋友。」

這並不難理解，因為其他孩子不想讓他領導。

「他的父母至今還沒有向他解釋關於性方面的事情。他總是表現出一種強烈的控制欲。」

他十分清楚我們費盡心力去收集和了解關於他的事，這就是說，他清楚地知道自己到底想要什麼。但有一點毫無疑問，他並不清楚他自己潛意識的目標和他生活中的行為之間有什麼關聯。他也不理解自己強烈的控制欲的範圍和根源。他想控制別人是因為他在父親身上看到了父親對家庭的統治。越是想要控制別人就會變得越軟弱，因為他必須依賴別人。然而他不知他行為的榜樣——父親——不是依靠別人，而是在自我克制中去統治家人的。換句話說，孩子的懦弱助長了他的野心。

「他總是惹是生非，甚至連面對那些力量比他強大的人也是這樣。」

但對付那些能力比他強的人似乎更容易一些，因為那些人身上有強烈的責任感。順便一提，男孩只有在放肆無禮的時候才會有自信的感覺。但他很難改正自己的行為，因為他缺乏自信心，只能用放肆無禮的行為來遮掩這一點。

「他並不自私，總是慷慨地贈予別人。」

如果我們把他的這種行為看成是他心地善良的表現，就會發現這並不符合他的性格特點，要知道，有些人會用慷慨大方的表現來展示自己的優越感。重要的是，我們要看到這種性格特徵是如何與控制欲連結在一起的。孩子認為慷慨贈予的行為會使自己更有價值。他有可能是從他父親那裡學會了透過慷慨來自我炫耀。

「他經常給別人製造麻煩，他最害怕自己的父親，其次是母親。他並沒有賴床的習慣，虛榮心也不是很強。」

這裡所提到的虛榮心指的是外在的虛榮，他內在的虛榮非常強烈。

「他改掉了挖鼻孔的壞習慣。他是個固執的孩子，對食物很挑剔，也不喜歡吃蔬菜和肥肉。他對與別人培養友誼並不感興趣，但他喜歡和他能夠控制的孩子交往，而且他非常喜歡動物和植物。」

喜歡動物的背後隱藏著一種渴望控制別人的欲望。喜歡動物本身當然不是壞事，因為這畢竟是代表一種傾向，想要去與世界萬物達成和諧統一。不過，就案例中的男孩而言，這種喜好則表現出了一種控制欲，即他總是想盡辦法地讓母親為他操心。

「他有強烈想要領導的欲望，不過當然不是想在課業上有所表現，成爲領先的這種智力上的控制欲。他喜歡收藏物品，卻常常因爲缺乏耐心而有始無終。」

這種孩子最大的悲哀就是，他們做任何事都是虎頭蛇尾、有始無終。因為有結果就意味著要承擔責任，他害怕承擔責任。

「從總體上看，他的行爲從十歲開始就有所改善。以前不可能將他留在家裡，因爲他喜歡在街頭上用爭強好勝來表現自己的優越感。他的進步是以付出巨大努力爲代價的。」

事實上，父母把他控制在家裡狹小的範圍內，這種做法剛好證明最能滿足他想要任性的欲望而已；在這個狹小的空間裡，他會製造出各種麻煩。如果對他進行適當監護，應該讓他去街上玩耍。

「孩子回到家的第一件事就是做作業，沒有表現出想要離開家的意願，但他卻總是想方法去消磨時間。」

當我們把孩子限制在狹小的空間裡，並監視他們學習時，我們會發現孩子並不能集中注意力，他總是將精力放在其他事上。因此，我們必須給予孩子足夠的活動空間，讓他和其他孩子一起玩耍，讓他從中找到自己適當的角色。

「他以前很喜歡上學。」

這表明以前教他的教師對他並不嚴厲，因而他也很容易扮演英雄角色。

「他經常丟失課本，但他並不害怕考試，他相信自己能夠做好任何事。」

這是一種相當普遍的性格特徵。如果一個人在任何情況下都能保持樂觀，有時恰恰說明他沒有自信。這種人當然是悲觀主義者，不過，他們總有辦法枉顧邏輯，陶醉在自己的所有事情都能取得成功的夢幻之中；他們對自己的失敗不會表現出驚奇。他們相信宿命論，這讓他們看上去好像是樂觀主義者。

「他無法集中精神。有些教師喜歡他，有些教師則厭惡他。」

喜歡他的是那些性格比較溫和的教師，對於這類教師，他很少製造麻煩，因為教師沒有對他提出過高要求，他可以比較容易獲得關注。他和大部分被寵壞的孩子一樣，既不願意集中注意力，也缺乏這種習慣。在他六歲之前，他都沒有這樣做的必要，因為母親會為他安排好一切，他在生活中的一切事都能預先被安置妥當，他就像一隻被豢養在籠子裡的小鳥一樣。一旦遇到困難，他才會感到缺乏準備；他欠缺應付困難的辦法，對任何人都沒興趣，因此無法與人合作。他既沒有獨立完成事情的願望，也沒有這方面的自信。他所擁有的只是想要引人注目的欲望，一種不費力氣就能引人注意的欲望，如果他沒能成功地擾亂學校的秩序，就不會得到別人的注意，這會更加劇了他的不良行為。

他對所有事都心不在焉，他總是想著以最輕鬆的方式去做每件事，也從來不會顧及別人的感受。這已經成為他生活的主旋律，這種主旋律會具體表現在諸如偷竊、說謊等行為上。

他生命風格中的錯誤是非常明顯的。雖然他的母親刺激了他部分社群情懷的發展，但無論是溫和的母親還是嚴厲的父親，都沒能為他的社群情懷的進一步發展指出明確的方向。孩子的這種社群情懷只存在於他母親的活動範圍之中，在這個範圍裡，他感到自己是人們關注的中心。

因此，他對優越感的追求不是指向對社會有用的方面，而是指向於滿足自己的虛榮心。為了將孩子的優越感引向正途，我們必須重塑他的性格發展，幫助他重拾自信心，只有這樣他才樂於聽取我們的意見。同時，為他擴展社會關係的範圍是有好處的，如此可以彌補母親在教育他這獨子身上所未能成功的部分。他還要和父親達成和解。對孩子的教育要持續並循序漸進，直到孩子能夠和我們所認知的一樣，發現了自己以往生命風格是錯誤的為止。當他的興趣不再集中在一個人身上，他的獨立性和勇氣會隨之增強，這樣他就會把對優越感的追求轉向對社會有用的方面。

## 案例二

這個案例的主角是個十歲的小男孩。

「學校反映這個孩子的成績非常糟糕，他的學習進度已落後三個學期了。」

十歲的孩子學習落後三個學期，簡直要懷疑他是否有智力障礙了。

「他現在就讀三年級，智力測驗分數是一〇一。」

這就證明了孩子並沒有智力上的問題。那麼他成績不好的原因是什麼呢？他為什麼總是擾亂課堂秩序呢？我們發現，他對優越感有著強烈的追求，他也有一定的活動能力，但是這種追求全都指向了對社會無用的方面。他希望自己能夠發揮創造力，取得一定的成就，他想得到別人的關注，這些都是正常的，但他追求的方法顯然是錯誤的。他喜歡和學校作對，非常好鬥，將他的反抗全都表現在學校生活之中了。因此，我們也不難理解他成績很差的原因，他這種好鬥的性格難以適應學校的常規秩序。

「他不願服從命令和紀律。」

這是顯而易見的，他這樣做自然有他的明智之處。換句話說，他有自己一套的行事風格。對於一個好鬥者來說，他肯定要抗拒別人的命令。

「他和其他孩子打架；他把自己的玩具帶到學校去。」

這意味著他想製造一個屬於自己的世界。

「他心算不好。」

這意味著他缺乏社會意識，以及與之相配的社會邏輯（參考第七章）。

「他有語言障礙，每週都要參加一次語言訓練班。」

這種語言缺陷並不是生理器官造成，而是他缺乏合作能力的表現，妨礙了他說話。因為個體一定會和別人有所關聯，所以一個人的語言水準能表現出這個人跟社會合作的態度。男孩在語言上的缺陷正好成了他好鬥的武器，他並不希望自己的這一缺陷得到矯正，不過，我們不必對此大驚小怪，因為接受治療就意味著他必須放棄這個引人注意的武器。

「當教師與他說話時，他的身體總是左搖右晃。」

孩子的行為表明他隨時準備戰鬥。他並不喜歡教師找他談話，因為這樣並不是以他為中心，教師和他談話的時候，他只能做一個聆聽者，那麼教師就成了征服者的角色。

「他的母親（確切來說是繼母，他尚在襁褓之中時，母親就去世了）只有抱怨過，這個孩子有點神經兮兮。」

這個神經兮兮的評價，將孩子許多糟糕的行為遮掩起來了。

「他是由他的兩個祖母帶大的。」

一個祖母帶孩子的情形就夠糟糕了，更何況是兩個。眾所周知，祖母對孫子的溺愛是非常可怕的。我們可以想像，這兩個祖母之間會產生激烈的競爭，她們都想證明孩子更喜歡自己。當然這個處在兩個祖母競爭之中的孩子是最大的受益者，他彷彿置身於天堂之中，他可以隨心所欲。孩子什麼都不用做，他只需要向祖母說：「另一個祖母曾給過我這個。」那麼這位祖母就會想要給他更多東西，來表示她贏了對方。在家裡，這個孩子顯然備受關注，而我們也看出來他以此當成是目標。但當他到了學校，在這個新環境中沒有兩個祖母，只有教師和許多同學，他認為想要引人注目的唯一辦法就是好鬥和反抗。

「他和祖母生活在一起的時候，成績並不好。」

學校並不適合他，他也沒有先得到適應學校生活的訓練。進入學校可以測試他的合作能力，但他在與人合作方面也缺乏準備。母親是最能發展孩子這種合作能力的人。

「孩子的父親一年半前再婚了，於是他就跟他的父親和繼母一起生活。」

毫無疑問，孩子的處境異常艱難。通常，如果有繼母或者繼父出現的情況，就代表會有麻煩產生，甚至可以說麻煩會有增無減。對孩子的成長和教育來說，繼父母的問題由來已久，至今也沒有得到妥善解決。這個難題對孩子有很大的困擾。不管繼母再怎麼好，還是會有一些問題，無需贅言，繼父母的問題是無解的。不過，若用以下所述的態度來對待，或許也能夠解決這個問題。繼父母不應該將孩子的喜愛視為理所當然，而是應該盡力去爭取他們的喜愛。由於有這兩個祖母的參與，將情況變得更複雜了，他的繼母與孩子相處的難度也就更高了。

「繼母剛剛進入這個家庭之時，也曾經試圖向這個孩子表達愛意。為了贏得這個孩子的喜歡，她盡其所能地做了很多事。問題在於他的哥哥也是一個麻煩製造者。」

家裡有兩個好鬥的人，我們可以想像，這兩個孩子之間的較量只會加劇他們競爭的欲望。

「孩子害怕父親並且服從父親的管教，而他並不聽母親的話，爲此母親經常向孩子的父親求助。」

這實際上承認了母親無法管教這個孩子，所以教育的責任就轉移到了父親身上。母親會將孩子的一舉一動反映給他的父親，當她威脅孩子們說「我將告訴你爸爸」時，孩子們就會以為她沒有能力管教他們，她已經放棄了這個責任。於是，孩子們便尋找機會對她頤指氣使。這個母親的這種言行，也反映出了她的自卑情結。

「如果孩子答應聽話，他的母親就會帶他去商場，並買禮物送給他。」

這表明母親正處於一種艱難的處境之中，這是為什麼？因為祖母使母親相形見絀，祖母在孩子心理占有更重要的地位。

「祖母只是偶爾來看望孩子。」

一個只在家裡停留片刻的人擾亂父母對孩子的教育，這會給孩子的母親帶來許多麻煩與困擾。

「家裡似乎每個人都不喜歡這個孩子。」

家裡的每個人似乎都不再喜歡這個孩子了，甚至曾經縱容溺愛他的祖母，現在也不喜歡他了。

「父親會用鞭子教育孩子。」

體罰教育並不會給孩子帶來多大的幫助。每個孩子都喜歡讚美，如果他得到別人的讚美，就會感到高興和滿足，但他並不清楚如何正確地得到別人的讚美，他更希望自己不付出任何努力就能得到教師的讚美。

「如果他獲得讚揚，他會更加努力地學習。」

所有想獲得別人關注的孩子都是如此。

「教師不喜歡他，因爲他總是鬱鬱寡歡。」

孩子只能採取這種辦法，因為他是一個好鬥的孩子。

「孩子尿床。」

這表明孩子想成為關注的焦點，不過，他是以間接的方式來爭取這種關注的。這個方式的具體表現又有哪些呢？他會透過尿床迫使他母親半夜起來；透過在夜晚大聲喊叫；透過在床上閱讀而遲遲不睡覺；透過早上賴床；透過不良的進食習慣——無論是白天還是晚上，他都有辦法使母親為他操勞。因此，尿床習慣和語言缺陷就是他慣用的兩種武器。

「爲了改掉孩子夜間尿床的壞習慣，母親試圖在晚上叫醒他讓他上廁所。」

母親夜裡要數次起來叫醒他，這樣，孩子就達到了被關注的目的。

「那些孩子不喜歡這個男孩，因爲他總是試圖命令他們，而另一些弱小的孩子則試圖模仿他。」

這個男孩其實是一個脆弱、缺乏勇氣的人，面對生活沒有信心。那些弱小的孩子之所以想模仿他，是因為這些孩子和他類似，也想透過這種方式獲得關注。

「另一方面，並不是所有的人都不喜歡他，當他的課業有所表現時，有些孩子也樂於承認他取得進步。」

當他取得進步，其他同學也會為他感到高興，這也證明了教師的教育是有成效的，他懂得怎樣培養孩子的合作精神。

「孩子喜歡在街頭和其他孩子踢球。」

當他確信自己能夠成功，可以征服別人的時候，他樂於與其他人有來往。

我們和母親一起討論這個孩子，並向她解釋：在孩子和祖母們的關係中，她的處境並不樂觀，孩子非常嫉妒他的哥哥，總是害怕不如哥哥。在我們向他表示診所裡的所有人都是他的朋友時，他依然保持沉默一言不發。在男孩眼裡，說話就意味著合作，而他沒有合作的意願，所以他始終閉口不言。這是因為他缺乏社會意識，他拒絕糾正自己的語言缺陷也是同樣的道理。

這種抵抗方式或許令人感到詫異，但實際上，在很多成人身上我們依舊可以看到這種情形：用沉默來表達他們的抗拒情緒。我們在生活中經常看到這樣的場景，一對夫妻發生了激烈的爭吵，丈夫向妻子大聲吼道，「妳看妳，現在不吭聲了吧？」妻子回答說，「我不是不吭聲，而是不想說。」

案例中的這個男孩也是這種情況，他只是不想說話。當談話結束時，我們告知他可以走了，但他似乎並不想離去，他的反抗的情緒已經被激發出來，當我們再次告知他談話結束了，他仍然沒有離去。我們要求他下一次會面和他父親一起來。

此時，我們和男孩說：「你一言不發是很正常的，因為你總是做著相反的事情。如果人們要求你說話，你就會閉口不言；如果要求你保持安靜，你就會大聲喧嘩，故意擾亂課堂秩序，你覺得這樣做很了不起。如果我們要求你『不要說話』，那麼你就會口若懸河。其實我們只需要提出與你自己意願相反的請求，你就會乖乖上

夠。」

我們明顯感覺到孩子有了想要表達的欲望，因為他覺得有必要說些什麼，這樣他就會透過語言交談配合我們的工作。之後我們再向他說明他自己的情況，使他認識到自己的錯誤所在，透過這種方式，他就會慢慢有所改善。

這時，我們要知道，孩子在舊的環境之中通常是得不到改變的動力的，他的父母、祖母、教師和同學對他的看法已經固化了，孩子對他們的看法顯然也是固定的。當他來到診所之後，他就進入了一個新環境之中。事實上，我們也有必要盡可能地為他營造出一個嶄新的環境，這樣他在舊環境中形成的性格缺陷就會較容易地暴露出來。在這種情況下，最明智的做法就是告訴這個孩子「你不能說話」，這個男孩就回答「我偏要說話」，這樣就不會讓男孩覺得有人直接和他交談，我們就提前掃除了他的防禦心理。

孩子在診所通常會有許多聽眾，這會給他們留下深刻印象。在這個全新的環境裡，他可能會產生這樣的想法：他不再受限於狹小的環境之中，家庭和學校以外的人也對他有興趣，他成了更大環境中的一部分。這些都會使他想在新的環境中表現自己，尤其是當我們要求他下次再來的時候，他很清楚將會發生什麼事——診所裡的人將會詢問他一些問題，了解他的進展情況等。一些孩子一週去一次診所，而另一些則每天去一次，這要根據孩子的情況來定。在這裡，人們培養他們如何與教師和平相處的能力。孩子們知道，在這個新環境下，他們不會受到批評和指責，他們做的每件事都會被拿出來接受人們公開的談論。這就好比一對夫妻發生了爭吵，其中一個人打開了窗戶，那麼爭吵就會即刻停止，因為環境發生了變化。因為當窗戶打開時，人們就可以聽到他們爭吵的內容，他們的性格缺陷就會暴露在人前。同樣的道理，當孩子願意來到我們診所接受治療，他們就成功地邁出了第一步。

## 案例三

這個案例的主角是個十三歲半的男孩，他是家中的長子。

「孩子十一歲時候，智力測驗分數是一四○。」

這就證明，他是一個聰明的孩子。

「自從他進入中學第二學期以來，他的學業幾乎在原地踏步。」

根據我們的經驗，如果一個孩子覺得自己很聰明，他就會產生一種自己不需努力就能達成目標的心理，這些孩子往往「聰明反被聰明誤」，無法取得真實的進步。例如，我們發現，孩子進入青春期以後往往覺得自己要比實際年齡更成熟，他們想要擺脫孩子的身分。他們越是想去證明自己，越是會遇到許多麻煩，這樣一來他就會懷疑自己是否真的像自己想像的那麼聰明。因此，我們建議不要告訴孩子他有很高的智商。孩子智商的高低，不應該讓他自己知道，也不應該讓家長知道，因為這種做法是非常危險的，這很可能成為一個聰明孩子失敗的原因。一個野心勃勃的孩子，如果他不知道該如何運用正確的方式取得成功，那麼，他很有可能走上錯誤的道路。這些錯誤之道包括懶散懈怠、虛度光陰、變神經質、犯罪自殺等，孩子總是能夠找到理由為自己走上錯誤之路做辯解。

「孩子最喜歡的科目是科學。他只喜歡與比自己年幼的孩子來往。」

我們知道孩子之所以願意與比自己年幼的孩子來往，是因為他能獲得一種更輕鬆自在的感覺，比自己年幼的孩子更容易掌控一些，這也是為了表現自己的優越感，希望成為其他孩子的領袖。如果孩子喜歡與比他年幼的孩子交往，那麼，我們就會懷疑他懷有這樣的目的。當然情況也並不只是如此，還有一些時候，他們可能想要表達他的父性。不過，這種情況同樣存在問題，因為父性的表現會讓孩子排斥與比他年長的孩子交往，他是有意識地採取這種迴避行為。

「他喜歡的運動是足球和壘球。」

我們可以假設，他肯定很擅長這兩個體育項目。或許我們聽說這個孩子在某些方面表現很突出，但是除去這些方面，他對其他事情絲毫提不起興趣。這意味著，在他有把握獲得成功的時候，他才願意嘗試；反之，他就會拒絕參與，這當然不是一種正確的行為方式。

「他喜歡玩紙牌。」

這意味著他在消磨時間。

「他將精力全都放在紙牌上，這也使他不會按時睡覺和做作業。」

這也是孩子的父母對他不滿意的原因，這些抱怨毫無二致：他不專心於學業，只會胡亂地消磨時間。

「孩子在嬰兒時期發展緩慢，直到他兩歲以後才開始迅速發展。」

我們不清楚他為什麼在兩歲以前發育遲緩，這或許是因為孩子受到了溺愛。我們知道，被過分寵愛的孩子會表現得不想說話、不願走路，這也致使他身體機能發展緩慢，因為他的一切都有人提前幫他打理好了，因而也就沒有了發育的刺激。他後來發育迅速的解釋就是，在此期間他可能獲得了發育成長的刺激，正是因為這種刺激很強烈，才促使他成了一個聰明的孩子。

「他最顯著的性格特徵就是誠實和固執。」

僅僅知道他有誠實的性格特點是遠遠不夠的，毋庸置疑，誠實是一種美德，不過，如果他利用自己誠實的性格特徵去批評責備別人，那麼誠實在他那裡就成了自我炫耀的工具。我們知道他喜歡支配別人、想成為領導人物，這樣說來誠實就很可能成了他追求優越感的一種表達。我們不能斷定，在情況對他十分不利的情況下，他是否還能保持誠實的品德。至於他固執的性格特徵，我們發現他喜歡按自己的意願行動，喜歡標新立異，不喜歡被領導。

「他經常欺負他的弟弟。」

我們的判斷與這一陳述是一致的。他想成為領袖，但是他的弟弟不願意順從他，因此他會欺負弟弟，這種舉動不是誠實的表現。如果你深入了解他，你會發現他甚至可以說是一個喜歡說謊的人。他喜歡吹嘘、炫耀自己，以此來顯示自己的優越感。不過，他表現的其實是一種優越情結，從這種優越情結中，我們能夠清晰地看到他的內心正承受著自卑感的折磨。由於別人對他的評價過高，他不堪重負，從而會貶低自己。當他過分貶低自己時，他又會透過吹噓自己的方式尋求補償。

因此，對孩子盛讚過譽實在不可取，因為這會使他覺得別人對他寄予厚望。當他發現要達到別人的期望非常困難的時候，他就會驚慌失措，於是透過其他途徑來掩飾自己的不足，例如，欺負他的弟弟。這就是他的生命風格。他覺得自己能力不足並且缺乏自信，他無法解決那些難題，因此，他便沉溺於打牌，當他忙於打牌的時候，就沒有人發現他不足的地方。即使他的成績糟糕，他的父母也會解釋說，他把時間都浪費在打牌上了，怎麼可能成績優異。這樣一來，他就保全了自己的驕傲之心和虛榮之心。漸漸地，他自己也開始這麼解釋：「沒錯，我就是因為喜歡打牌才成績不好的，如果我能改掉打牌的習慣，我將取得更加優秀的成績，但我實在是太喜歡打牌了。」這樣，他便感覺滿足，因為他安慰自己，他是有能力可以變成最優秀的學生。

如果孩子對自己的這種心理邏輯一無所知，他就會沉溺在這種自我安慰之中，把自己的自卑情結藏匿起來，自己假裝看不見，也不讓別人發現。如果他堅持這麼做，他就始終不會有進步，除非我們用友好的方式讓他了解自己性格的根源，並且告訴他，他的實際行為恰恰顯示出他是一個無法完成任務的人。他的精力只夠花費在掩飾自己的弱點和自卑上面。我們在進行這一切時，必須態度友好，並且不斷地給予他們鼓勵。我們不應該總是讚揚他智商高，因為這種稱讚會成為一種負擔，使他的心裡產生畏懼而遠離成功。我們非常清楚，智商在我們的一生中並不起著決定性的作用，在實驗心理學家看來，智商僅僅顯示的是當時測試的情況而已。生活是錯綜複雜的，一個測試並不能證明什麼，高智商的孩子也並不意味著他能解決生活中遇到的所有困難。

這個孩子的真正問題在於他的自卑感以及缺乏社會意識，對於這一點，我們有必要向他解釋清楚。

## 案例四

這個案例的主角是個八歲半的孩子，從中我們知道，孩子是如何被寵壞的。罪犯和神經質患者主要來自這一類從小受到溺愛的孩子。

我們的時代刻不容緩、急需解決的問題就是，**停止溺愛孩子**。這並不意味著我們不再愛他們，而是說不要溺愛、縱容他們，而是我們應該視他們為地位平等的朋友。這個案例很有價值，因為它向我們展示了被寵壞的孩子的性格特徵。

「這個孩子目前的問題是每個年級都要重讀一次，而他現在才讀二年級。」

一個孩子剛剛上學就要重讀，我們不得不懷疑他的智力有問題。在分析這個案例時，我們要考慮到這種可能性，但如果是孩子起初成績很好，後來才出現問題，那麼我們就可以排除他有智力障礙的可能性了。

「他總是用嬰兒的方式說話。」

他之所以模仿嬰兒的說話方式，是希望得到家人的寵愛，這一定是代表他心中有個目的，他一定覺得模仿嬰兒能給他帶來好處。這種理性的判斷恰恰說明了他的智商沒有問題。他討厭上學，也是因為他沒有得到面對學校生活應有的訓練之故，他沒有按照學校的規定和制度來發展，而是選擇透過敵視所處的環境來表達他的追求，這種敵視態度的結果就是他在每個年級都要重讀。

「他並不服從自己的哥哥，並且和哥哥吵得很厲害。」

由此可以看出，對他來講，哥哥是一個障礙。我們可以想像，哥哥是個好孩子，他和哥哥競爭的唯一手段就是表現惡劣。當然，在夢中他會想像，如果他還是個嬰兒，他就可以超過哥哥。

「他一歲十個月才學會走路。」

他可能患過佝僂病。如果他在一歲十個月都沒有學會走路，那麼有可能是因為他受到了過多的監護與重視。在這期間，他的母親和他形影不離，所以我們可以看到他在走路這方面有問題，讓他的母親對他看護有加，更加溺愛他。

「他很早就學會了說話。」

這就證明，這個孩子的智力沒有問題，因為智能障礙兒童的表現之一就是說話困難。

「他說話總像個嬰兒，他的父親總是溫柔親切地對待他。」

這說明他的父親也很溺愛他。

「他更喜歡母親。他的家庭有兩個孩子，據母親反映，他的哥哥非常聰明，他們兄弟兩個經常吵架。」

在很多家庭裡，孩子之間都存在著競爭，尤其是在家中最大的兩個孩子之間。不過，任何生活在一起的兩個孩子之間都會存在競爭，它源於這樣一個事實：當第二個孩子出生時，第一個孩子的優越地位就會被剝奪。只有像我們指出的那樣培養孩子的合作精神，才能避免出現激烈競爭的情形（參見第八章）。

「他算術不好。」

對於那些被寵壞的孩子來說，算術是他們在學校任務中最大的困難，因為算術涉及某種社會邏輯，而社會邏輯正是那些被寵壞的孩子所欠缺的。

「他的大腦一定有些問題。」

我們沒有發現這種情況，他的表現還蠻聰明的。

「他的母親和教師認爲他有手淫行爲。」

他有可能這麼做，不過，許多孩子都會手淫。

「他的母親說，他有黑眼圈。」

我們不能根據「他有黑眼圈」就推論他有手淫行為，雖然這是人們普遍的想法。

「他對食物很挑剔。」

這表明他總想引起母親的關注，甚至在吃飯方面也是這樣。

「他害怕黑暗。」

這是孩子受到溺愛最常見的表現。

「他的母親說他有很多朋友。」

我們認為，這些朋友都是他能夠支配的人。

「他對音樂很有興趣。」

觀察一下熱愛音樂的人的耳朵輪廓，我們就會發現，熱愛音樂的人的外耳曲線發育得更好。看到這小孩後，我們很確定他有一對精緻敏感的外耳。聽覺敏感的人喜歡和諧的聲音，具有敏感聽覺的人更適合接受音樂教育。

「他喜歡唱歌，但患有耳疾。」

這種人一般很難忍受我們生活中的噪音，他們比一般人更容易患上耳疾。聽覺器官的構造是遺傳的，這也是音樂天賦和耳疾會遺傳的原因。這個孩子深受耳疾的困擾，他的家族確實在音樂上都很有天賦。

要幫助這個男孩首先要做的就是，鍛鍊他獨立自主的能力。如今，他還並不獨立，他覺得母親會為他打點好一切，永遠都不會離開他。他想得到母親的庇護，當然，他的母親也樂於這麼做。但是現在，我們要做的是：鼓勵孩子自由地去做他喜歡做的事，哪怕是犯了錯誤，因為只有這樣，他才能學會獨立自主。他還要學會不能為了爭奪母親的喜愛而和哥哥競爭，現在就是因為他們彼此都覺得母親更愛對方一些，所以才會陷入無止盡的嫉妒對方當中。

還有一點值得關注，必須讓孩子勇敢地正視學校生活中的問題。試想一下，如果他無法繼續學習，那麼將會出現什麼情況？一旦脫離學校，他就會轉向對社會無用的方面，他開始可能只是翹課，後來乾脆不去學校，然後離家出走，最後加入幫派。

防患於未然總是沒有錯的，幫助孩子適應學校生活總比以後對付一個少年犯要好得多。學校只是一個重要的測試環境，目前，沒有人教導這個孩子用社會方式來解決問題，這也是他在學校遭遇困難的真正原因。對此，學校應該幫助孩子重拾信心與勇氣，當然學校也有自己的難處，可能因為班級人數過多，也可能教師缺乏激發學生內心勇氣的準備。如果孩子能夠遇到一個能給他勇氣的教師，那麼這個孩子就會得到拯救。

## 案例五

這個案例的主角是一個十歲的小女孩。

「由於她在算術和拼寫方面有困難，學校介紹她來診所接受指導和治療。」

算術對一個被寵壞的孩子來講是一個困難的科目。這並不是說，一個被寵壞的孩子絕對拙於計算，但是根據我們的經驗，情況通常如此。

左撇子在拼字方面通常會感覺吃力，因為他們已經養成從右向左看字的習慣了，而唸字時也是由右向左。其實他們能夠正確地閱讀和書寫，只是方向是相反的。人們通常不會注意左撇子是用正確的方式在閱讀的，只是方向相反而已。他們只會覺得左撇子無法閱讀，而且只會說左撇子不會閱讀與拼字。我們由此推測，這個女孩可能是個左撇子，但也有可能是別的原因造成了她拼寫困難。如果是在紐約，我們還要考慮她可能是來自其他國家的移民，因此對英語不是很熟悉；如果我們是在歐洲，就無需考慮此項因素了。

「她以往的生活有個重要的經歷：在德國，她的家庭發生了經濟變故。」

我們不知道她的家庭是何時從德國移民來的，也許這個女孩曾經有過一段快樂的時光，但是如今已經不復存在了。新環境就像一種測試，在這裡能夠看出她是否受到過與人合作的訓練，是否為適應新環境做好了準備，是否具備足夠的勇氣，是否能夠承受經濟窘迫的重負。換句話說，她是否學會了在生活中與人合作。從目前的情況來看，她在與人合作方面的能力有所欠缺。

「她在德國時學習成績還不錯，八歲的時候離開了德國。」

這是兩年前的事。

「她在美國的學校學習成績不怎麼好，因爲她在拼寫上有困難，而且美國學校教授算術的方法也與德國不同。」

教師沒有辦法為她一個人改變教學。

「母親非常寵愛她，她也十分依賴母親。她對父母是一樣的喜歡。」

如果你詢問孩子：「你更喜歡你的父親還是你的母親？」他們一般會回答說：「我都喜歡！」這種答案是他們受教導的結果。有很多方法可以檢驗這個問題的回答，其中一個好辦法就是讓孩子坐到父母的中間，當我們和父母談話時，孩子的臉會不自覺轉向她更喜歡的人的一方。同樣的，當孩子走進一間有父母都在的房間時，她會下意識地走到她更喜歡的人那裡去。

「她有一些和她年紀相仿的女生朋友，但是不算多。在她早期的記憶裡，八歲的時候，她與父母住在鄉下，她常常和小狗在草地上玩耍，那時她家還有一輛馬車。」

她對曾經富足的生活記憶猶新。這就像一個破產的富人，總是回憶他過去擁有的汽車、馬匹、僕人和漂亮的房子一樣。女孩對自己的現狀並不滿意，這種情況我們完全可以理解。

「她常常夢到耶誕節，夢到聖誕老人送給她的各種禮物。」

她的夢反映了她在現實生活中的心願。她總是渴望得到更多東西，因為她覺得自己被奪走了很多東西，她想重新擁有曾經的一切。

「她常常依偎在母親身邊。」

這是一種失去勇氣的表現，也可能是因為她在學校遭遇了困難。我們告訴她，沒錯，她是比其他孩子遇到了更多困難，但也要讓她知道藉由在學校學習更多和拿出勇氣，她可以學會更多知識。

「她再次來到診所，她的母親沒有陪她一同前來，她是自己獨自來的。她的學習取得了很大的進步，在家裡，她也能獨自完成自己的事情了。」

我們曾經建議她要獨立，不要依賴她的母親，要學會獨自處理自己的事情。

「她爲她的父親做早餐。」

這是培養合作意識的一種表現。

「她覺得自己更加富有勇氣了，她和我們談話時，能夠更加從容自在。」

我們要求她下次和她的母親一起到診所來。

「她和母親一起來到了診所，這是她母親第一次到訪。母親的工作一直很忙，抽不出時間。我們從她母親那裡得知，這個女孩並不是她親生的，而是領養的，被領養時孩子二歲，但女孩對此毫不知情。在她出生後的前兩年，她先後輾轉待過六户人家。」

女孩的過去並不美好，她在生命最初的兩年經歷了太多的磨難。這個女孩曾經遭人憎恨、疏忽，後來才得到這女人的悉心照料。由於早期的不好經驗留在她心中所產生的潛意識印象，這女孩很想緊緊抓住目前這種良好的處境，那兩年的遭遇對她來說太刻骨銘心了。

「當這個母親要領養這個女孩的時候，有人建議她要嚴格管教這個孩子，因爲女孩的出身家庭很糟。」

給出這個建議的人一定深受遺傳學說的毒害。如果母親真的因此對女孩嚴格管教，但她還是出現了問題，這個人就會辯解說：「你看，我說得對吧！」然而他們不知道的是，他們的這種看法對孩子成為問題兒童需要負很大的責任。

「女孩的生母是個壞女人，這更讓養母覺得自己責任重大，因爲女孩不是她的親生女兒，這也促使她有時會對孩子實施體罰。」

對女孩來說，她現在處境艱難。養母對她的溺愛有時會突然終止，取而代之的是嚴厲懲罰。

「養父溺愛這個孩子，幾乎滿足她的所有要求。在她的母親那裡，如果她想得到某種東西，她不會說『請』或者『謝謝』，而是說『妳不是我的母親』。」

出現這種情況有兩種可能，要麼是女孩知道事情的真相；要麼是她懂得說什麼才能一擊要害。曾有一個二十歲的男生覺得自己不是母親親生的，可是他的養父母發誓說，從來沒有人將真相告訴過孩子。顯然男孩有這種感覺。孩子總是能從很細小的狀況中得到有關自己的祕密。雖然養母覺得案例中的女孩不可能得知真相，然而，女孩可能對事情的真相有所察覺。

「不過，這個女孩只對母親而不是父親說這樣的話。」

因為她沒有機會攻擊父親，父親總是滿足他的所有要求。

「她的母親不能理解孩子在新學校的行為變化，女孩的成績忽然變差了，母親便會對她實施體罰。」

成績一落千丈已經使女孩非常羞愧懊惱了，回到家後還要遭受母親的體罰，這實在是雪上加霜。拿到不好的成績和受到母親的體罰，其中任何一種情況對女孩來說都糟糕至極。如果教師有察覺到讓小孩帶回一張糟糕的成績單，會開始在家裡引爆麻煩的話，他就應該更慎重考慮這件事。有智慧的教師得知家長會以成績當藉口來打小孩時，他會避免發下這張成績單的。

「她有時候會情緒失控，忽然大發脾氣。她在學校有時會情緒激動，暴躁難耐，因此擾亂課堂秩序。她覺得自己永遠都應該處於第一位。」

女孩的這種欲望其實很容易理解，她是家裡的獨生女，已經習慣了從父親那裡得到她想要的一切。她希望永遠處於第一位也不難理解，她曾經擁有過富足的生活，當這一切被剝奪以後，她追求優越感的欲望就更強烈了。但是她沒有找到追求優越感的正確管道，所以，她總是給別人製造麻煩。

我們告訴女孩，她必須學會與別人合作。她表現得激動亢奮是為了引人注意；她大發脾氣也是為了想成為別人關注的焦點；她在學校故意不好好學習也是為了要反抗母親，只因為母親對她的成績不滿意。

「她經常夢到聖誕老人給她帶了許多禮物，但當她醒過來以後，卻發現自己一無所有。」

她總是喚起自己曾經擁有一切，但是「清醒以後卻發現自己一無所有」的情緒。我們不要輕視這裡蘊藏的危險。如果我們在夢中喚起這種情緒，而醒來時卻發現是一場夢，我們自然會感到失望；然而睡夢中引起的感覺和醒來後現實中的感覺是一致的。

也就是說，女孩做這個夢的目的不是喚起那種擁有一切的感覺，而是要體會失落的情緒。她做這種夢就是為了達到這樣的目的——即體驗一種失落感。很多患有憂鬱症的人都會有類似的美好夢境，夢醒之後卻發現一切截然相反。我們能夠理解女孩為什麼會想持續地感覺到失望情緒，她覺得自己前途黯淡，於是就想把一切歸咎於自己的母親。她覺得自己一無所有，而她的母親什麼都不滿足她，「她還常常體罰我，只有父親才滿足我的要求」。

下面對這個案例進行一下總結。女孩總是在追求一種失落感，並且將這一切都歸咎於她的母親，這實際上是對母親的一種反抗。

如果我們想要制止她，就應該明確地意識到，無論是在家中、在夢中、還是在學校，她的所有行為都基於相同的錯誤模式。她之所以會形成這種錯誤的思維模式，是因為她在美國待的時間還太短了，她無法熟練地掌握英語之故。

我們應該讓她相信，這些困難不算什麼，都是可以透過努力而輕易克服的，她不應該將這些困難作為對付母親的武器。

我們還應該說服母親不要體罰孩子，這樣她就找不到任何反抗的理由了。我們應該讓孩子知道，「我上課無法集中注意力、情緒失控、亂發脾氣的行為表現，實際上是為了給母親製造麻煩」。如果她能認識到這一點，她就會停止自己的惡劣行為。在她不能清晰地認識到自己的所作所為背後蘊含的深刻涵義時，想要讓她有所改變，幾乎不可能。這樣，我們就能清楚心理學的目的了，其目的就在於了解一個人應該怎樣運用自己的印象和經驗。換言之，心理學家試圖了解孩子的整套知覺系統，孩子的行為舉止是建立在這套系統上，而依此孩子對刺激做出反應，然後我們就能去了解他如何看待刺激，他如何反應，以及他如何運用這些刺激去達成目標。

附錄③

# 阿德勒的生平

阿爾弗雷德·阿德勒一八七〇年出生在維也納的一個猶太家庭。他是六個孩子中的第二個，當他三歲時，弟弟就在他旁邊死去。阿德勒從小患有佝僂症，使得他在四歲以前都無法走路。四歲時，又患上了肺炎，躺在病床上時，他聽到醫生對父親說：「你將失去這個孩子。」這些不幸的經歷，使得年幼的阿德勒在心理上，始終籠罩著對死亡的恐懼和對自己軟弱無力的憤怒。因此，他從小就立志長大後要做一名醫生，以抵禦死亡的威脅。

阿德勒在家中排行老二，有一個表現很出色的哥哥。由於童年患有佝僂症，阿德勒有點駝背，身材矮小，相貌又普通，使得他總是覺得自己不如哥哥而深感自卑。他對哥哥抱著強烈的競爭態度也是眾所皆知的。他最初在學校時成績平平，後來在父親的不斷鼓勵下，通過自己的勤奮努力，終於成為班上成績最好的學生之一。這些童年的經歷對他日後心理學思想的形成產生了巨大影響，他後來提出克服自卑感和追求優越是人格發展的動力，與他本人的早年經歷有著密切關係。

阿德勒後來實現了童年抱負，進入維也納醫學院就讀，並獲得醫學博士學位。畢業後，他被派往一所軍隊醫院繼續服完他剩下的半年義務兵役，然後回到維也納醫院從事眼科醫生的工作，後來又從事神經病學和精神病學研究。

阿德勒行醫生涯的早期是一名眼科醫生，但很快地便轉換成一名全科醫生，並且在維也納一處有遊樂園和馬戲團的地區成立自己的診所，因此他的病患中也包含了馬戲團人士。有些人認為這些馬戲團表演者不同於常人的生理特徵或缺陷，啟發了阿德勒對器官缺陷與心理補償的見解。

一九〇二年，維也納的《新自由報》發表了一篇文章，抨擊佛洛伊德的《夢的解析》一書。阿德勒仔細讀了該書之後，發覺很有價值，於是寫信給該報公開聲援佛洛伊德。佛洛伊德深為感激，邀請他參加每週三固定召開的「星期三精神分析協會」，這是精神分析運動的開端。

一九〇七年，阿德勒出版《器官缺陷及其心理補償的研究》一書，受到佛洛伊德和協會成員的讚賞。由於他的傑出表現，一九一〇年，佛洛伊德推薦阿德勒擔任維也納精神分析協會第一任會長，並負責該協會刊物《精神分析學刊》的編輯工作。阿德勒便成為佛洛伊德最早的同事之一，與佛洛伊德度過十年的合作時光。

阿德勒從一開始就不是佛洛伊德的忠實信徒，兩人之間也從未建立親密的個人關係。阿德勒顯然一開始就認為自己是佛洛伊德的同事而不是弟子，而佛洛伊德則把阿德勒視為自己的信徒和門生，他不能容忍他心目中的弟子對他的學說有任何懷疑和偏離。一九〇七年，阿德勒發表了一篇論述由身體缺陷引起的自卑感及其補償的論文並獲得了很大的聲譽，此時佛洛伊德還認為阿德勒的觀點是對精神分析學的一大貢獻。但是，當阿德勒進一步發展自己的觀點並認為補償作用是理論的中心思想時，佛洛伊德便不能容忍了。

兩人在理論方面分歧越來越大。一九一一年，阿德勒連續發表三篇文章，闡述他對精神分析性本能的反對，強調社會因素的作用，正式與佛洛伊德決裂。最後阿德勒辭去協會主席之職，率領一群支持者退出了維也納精神分析協會，另外成立了「個體心理學協會」。從此，阿德勒致力於發展和實踐其個體心理學思想，他與佛洛依德兩人再也沒有見過面。

雖然阿德勒與佛洛依德的關係勢同水火，可是阿德勒仍然非常敬佩佛洛伊德關於夢的理論，並且讚揚他將科學方法運用在臨床診斷上。然而，即使是關於夢的解釋，阿德勒也有自己的理論和臨床方法。阿德勒和佛洛伊德之間的主要區別，在於阿德勒的論點，即社會領域（外部性）對心理學的重要性與內部領域（內部性）一樣重要。權力和補償的動態範圍不僅限於性，性別和政治也跟性慾同樣重要。

第一次世界大戰期間，阿德勒擔任奧匈帝國軍隊的醫生。在這期間，他孕育了新的思想，提出「社群情懷」這一重要概念，並將自己的全部精力都投入到探索發展人類的社群情懷的途徑上，希望通過培養人類的社群情懷來避免戰爭悲劇的重演。同時，他還將工作重心轉向實際應用，力圖通過實踐來發展其個體心理學。

一九二〇年代開始，他在維也納建立了許多兒童指導診所，指導問題兒童解決學習和生活問題，同時還對教師和家長進行培訓。與此同時，阿德勒已經吸引了眾多的追隨者，許多人到維也納學習個體心理學，他也經常受邀到歐洲各國演講。一九二六年，他應邀訪美並受到了熱烈歡迎，並在一九二七年成為哥倫比亞大學客座教授。一九三五年，由於納粹的迫害，阿德勒決定永久定居美國。一九三七年，阿德勒應邀前往歐洲講學，卻在一次演講旅途中，因心臟病突發，猝死於蘇格蘭的阿伯丁，享年六十七歲。

# 阿德勒年譜

**一八七〇年／出生**　二月七日出生於維也納郊外一個猶太裔中產階級的商人之家。父親利奧波德·阿德勒祖籍奧地利的布爾根蘭，家境富裕。六個孩子中，阿德勒排行第二。全家都熱愛音樂。

**一八七三年／三歲**　從小孱弱，患有佝僂症，行動笨拙，喉部也有毛病。這一年睡在他旁邊的弟弟死了，生性敏感的他已經熟悉死亡的滋味。

**一八七四年／四歲**　罹患肺炎，幾乎喪命，決心將來要當一名醫生。童年時代在街上被車子撞倒過兩次，這使他對死亡感到極度恐懼。他對音樂有強烈的愛好，能熟記許多歌劇的內容。愛花成癖，醫生認為新鮮空氣對他的患有佝僂症有益。開始上學。

**一八八〇年／十歲**　在野外遊玩時傷害了同伴，以後他情願待在家裡讀書和工作。

**一八八一年／十一歲**　進入中學讀書。

**一八八七年／十七歲**　高中畢業。進入維也納大學攻讀醫學。

**一八九五年／二十五歲**　通過考試，取得醫學博士學位。醫學課程中他最感興趣的是病理解剖學。社會問題和社會情況也吸引了他的注意力。

**一八九七年／二十七歲**　和來自俄國的留學生蒂諾菲佳娃娜結婚。她飛揚跋扈、能言善道，並關心祖國的社會改革。兩人個性、家境迥然不同，初期雖有小摩擦，日後卻能相敬如賓，白頭偕老。

**一八九八年／二十八歲**　成為一名眼科醫生。不久他成為一個全科醫生，對他來說，病人不只是一個病例，他也在探索人格、心理與身體的全盤情況。良好的診斷和博通的學識贏得了病人的信賴和稱讚。阿德勒熟讀佛洛伊德的名著《夢的解析》，深為折服。行醫生涯中面對束手無策的糖尿病患者，深有挫折感，由於理察．克拉夫特．埃賓的鼓勵，漸漸從一般行醫工作轉到神經科的研究。

**一九〇二年／三十二歲**　由於他曾在維也納《新自由報》上寫文章為佛洛伊德的觀點辯護，結果佛洛伊德寫信給他，邀他加入佛氏主持的討論會。當年他進入佛氏的集團，並成為集團的領導人之一。後來繼佛氏之後成為維也納精神分析學會主席和《精神分析學刊》的編輯。

**一九〇四年／三十四歲**　出版第一篇心理學論文《做為教育家的醫生》。

**一九〇七年／三十七歲**　出版《器官缺陷及其心理補償的研究》，書中包含許多新的概念，此書仍頗受佛洛伊德的影響。

**一九一一年／四十一歲**　佛洛伊德要求討論會的成員無條件接受他的性理論時，阿德勒起而與之爭辯。他認為性不是人類活動的全部原因，而是個人奮鬥向上的途徑與因素，遂與另外七個成員離開精神分析學會。

**一九一二年／四十二歲**　率領一群追隨者退出精神分析學會，另組「個體心理學學會」。

**一九二〇年／五十歲**　聲名遠播，周遊列國，到處講學，一系列重要著作陸續出版。

**一九二六年／五十六歲**　初抵美國，受到熱烈歡迎。

**一九二七年／五十七歲**　受聘為美國哥倫比亞大學客座教授。

**一九三二年／六十二歲**　長島醫學院任命他為醫學心理學客座教授。出版《自卑與超越》。

**一九三四年／六十四歲**　和夫人定居美國紐約。

**一九三五年／六十五歲** 創辦了《國際個體心理學學刊》。

**一九三七年／六十七歲** 受聘赴歐洲講學，由於過分勞累，導致心臟病突發，客死蘇格蘭亞伯丁。

附錄④

# 中英譯名對照

## 譯者序

《神經質的形成》 *The Neurotic Constitution*

## 第一章

個體心理學 individual psychology

性格特徵 character traits

人格整體 unity of personality

潛意識 unconsciousness

生命風格 style of life

自卑感 feelingg of inferiority

補償 compensation

國際個體心理學學刊 *International Journal of Individual Psychology*

社群情懷 social feeling

個性 personality

社會意識 social-mindedness

## 第三章

培養基 substrate

精神官能症 neurosis

神經質 neurotics

不確定感 the mood of uncertainty

拿破崙 Napoleon

## 第四章

梅林克 Meyrink

癩蛤蟆的逃脫 The Flight of the Toad

巴爾札克 Balzac

## 第五章

維吉爾 Virgil

**第六章**

舒曼　Schumann
克拉拉・舒曼　Klara Schumann
大衛・卡茨　David Katz
比奈－西蒙量表　Binet-Simon Scale
精神失常　psychic disorders
彼特・金特　Peter Ghent

**第七章**

社群情懷意識　feeling of social-mindedness
達爾文　Darwin
社會調適　social adjustment
心理性格　mental characteristics
約瑟　Joseph
大衛　David
掃羅　Saul
便雅憫　Benjamin
馮塔內　Fontana
統覺　apperception

**第九章**

弗蘭西斯・約瑟夫一世　Emperor Francis Joseph I
男性傾慕　masculine protest

**第十章**

訪問教師　visiting teacher

**第十一章**

馮特　Wundt
內省心理學　Introspective Psychology
社會心理學　social psychology
髖關節結核　tuberculosis of hip

**第十二章**

希克曼　Hickman
李奧波德與勒伯　Leopold and Loeb
《寂寞之井》　*The Well of Loneliness*

**第十三章**

舞蹈症　chorea

**第十四章**

富蘭克林　Benjamin Franklin
貴格會　Quaker

i 生活 19

# 幸福親子教養

## 跟著阿德勒成為高情商爸媽，教出自信、獨立、勇敢、合作的孩子

作　　者　阿爾弗雷德・阿德勒　　譯　　者　王童童
封面設計　高郁雯　　內文排版　紫光書屋
責任編輯　周佳薇　　行銷企畫　呂玠忞
總 編 輯　林獻瑞

出 版 者　好人出版 / 遠足文化事業股份有限公司
新北市新店區民權路 108-2 號 9 樓
電話 02-2218-1417　傳真 02-8667-1065
發　　行　遠足文化事業股份有限公司（讀書共和國出版集團）
新北市新店區民權路 108-2 號 9 樓
電話 02-2218-1417　傳真 02-8667-1065
電子信箱 service@bookrep.com.tw　網址 http://www.bookrep.com.tw
讀書共和國客服信箱 service@bookrep.com.tw
讀書共和國網路書店 http://www.bookrep.com.tw
團體訂購請洽業務部 02-2218-1417 分機1124
郵政劃撥　19504465　遠足文化事業股份有限公司
法律顧問　華洋法律事務所　蘇文生律師
印　　製　博創印藝文化有限公司　電話 02-8221-5966
出版日期　2024 年 5 月 20 日
定　　價　新台幣 400 元
ＩＳＢＮ　978-626-7279-68-7
9786267279663（PDF）
9786267279670（EPUB）

本書為《阿德勒這樣教：教出自信、獨立、勇敢、會合作的孩子》（ISBN 9789860637533）二版。

**國家圖書館出版品預行編目(CIP)資料**

幸福親子教養：跟著阿德勒成爲高情商爸媽：教出自信、獨立、勇敢、合作的孩子 / 阿爾弗雷德・阿德勒作；王童童譯. -- 初版. -- 新北市：遠足文化事業股份有限公司好人出版：遠足文化事業股份有限公司發行, 2024.05
面；　公分. --（i 生活；19）
譯自：The Education of Children
ISBN　978-626-7279-68-7（平裝）
1.CST: 親職教育 2.CST: 子女教育

528.2　　113005285